AF453445

MANUEL

DE

CHANT RELIGIEUX

POUR LES OFFICES DU SOIR

PARIS. — IMP. ADRIEN LE CLERE, RUE CASSETTE, 29.

MANUEL

DE

CHANT RELIGIEUX

POUR LES OFFICES DU SOIR

A L'USAGE

DES FIDÈLES, DES COMMUNAUTÉS, CONGRÉGATIONS

MAISONS D'ÉDUCATION, ETC., ETC.,

PUBLIÉ

AVEC L'APPROBATION DE L'AUTORITÉ ECCLÉSIASTIQUE

PARIS | **TOULOUSE**

P.-M. LAROCHE, LIBRAIRE | ALOYS KUNC, ÉDITEUR
RUE BONAPARTE, 66. | RUE MAGE, 28.

H. CASTERMAN, A TOURNAI.

Tous droits réservés.

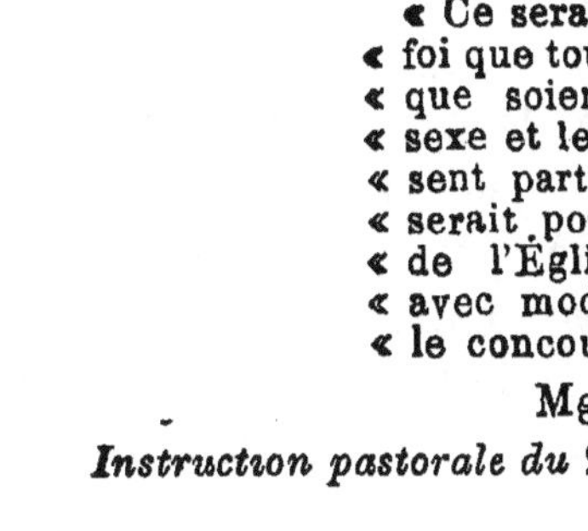

> « Ce serait le désir de notre
> « foi que tous les fidèles, quels
> « que soient leur âge, leur
> « sexe et leur condition, pris-
> « sent part, autant qu'il leur
> « serait possible, aux Chants
> « de l'Église, s'y associant
> « avec modestie et piété par
> « le concours de leur voix. »
>
> Mgr PARISIS.
> *Instruction pastorale du 28 janvier* 1846 (1).

Parmi tous les chants de l'Église catholique, il n'en est pas de plus populaire que celui des Psaumes et des Hymnes. Ce chant est, en effet, le chant du peuple, le chant de tous les fidèles; et c'est afin de rendre accessible et facile à tous la participation aux chants des Offices divins que nous offrons ce petit ouvrage à ceux qu'intéresse la bonne exécution du chant religieux.

Ce livre renferme :

1º Des notions générales sur le Plain-Chant, la lecture et l'accentuation du latin, la psalmodie, etc.;

2º L'exposition des tons divers des Psaumes, avec les principales difficultés prévues et résolues d'après les règles admises par les meilleurs auteurs;

3º Les Psaumes et les Cantiques des Vêpres et Complies pour tous les Dimanches et toutes les Fêtes de l'année;

---

(1) En 1846, Mgr Parisis, alors évêque de Langres, « donna le signal du retour aux saines doctrines » par son admirable *Instruction pastorale sur le Chant ecclésiastique* que nous aurons plusieurs fois l'occasion de citer.

4° Les Vêpres et les Complies du Dimanche, suivies des quatre Antiennes à la sainte Vierge ;

5° Les Hymnes du Propre du Temps et du Commun des Saints *entièrement* notées.

6° Les Chants divers pour les Saluts du très-saint Sacrement de toute l'année ;

7° Les Chants et l'Ordre de quelques exercices propres à l'Église du Jésus ; et quelques mots sur l'*Association de Chant religieux* établie en cette Église.

Le but principal des assemblées saintes, c'est que tous ceux qui les composent offrent ensemble à Dieu des hommages communs. Dieu, qui nous a donné la voix et la parole, veut que nous nous en servions pour sa propre gloire, et notre sainte Mère l'Église désire que chacun de nous prenne une part naturelle à ces psalmodies si faciles et si belles, à ces cantiques si véritablement harmonieux dont se compose le culte catholique.

Afin d'aider autant qu'il est en nous au meilleur résultat possible, voici les moyens que nous avons adoptés et mis en pratique dans cette publication.

C'est d'abord, pour le plus grand nombre des lecteurs, une modification dans la notation du Plain-Chant, modification qui doit le rendre parfaitement intelligible à toute personne ayant quelques notions de musique ; car les notes occupent la même place dans l'un et l'autre système, et ne diffèrent que par leur forme *ronde* ou *carrée* et par leur valeur *fixe* dans la musique, mais essentiellement *variable* dans le plain-chant. Cette modification consiste dans l'emploi de la *portée de cinq lignes* (≡) au lieu de celle de *quatre* (≡) et de la substitution de la seule clef de *sol* (𝄞) aux diverses clefs d'*ut* et de *fa* employées ordinairement.

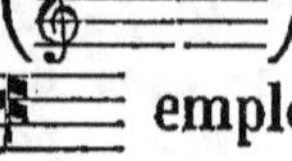

Ceci n'est pas une innovation : la portée de *cinq lignes* se retrouve dans les immortels traités de Guido d'A- rezzo, dans beaucoup de manuscrits du moyen âge, dans des livres imprimés ; et la *clef de sol* faisait autre- fois partie de l'écriture du Plain-Chant (1).

Sur la portée de cinq lignes, nous plaçons les notes du plain-chant traditionnel d'après les types adoptés pour la belle édition de livres de Chant Romain publiée par ordre de S. G. Mgr Meirieu, évêque de Digne. Cette édition, d'où sont extraits la plupart des chants de ce *Manuel,* reproduit fidèlement, avec toutes les amélio- rations pratiques, l'ancien Chant Romain adopté en France, à la suite du Concile de Trente, ce chant litur- gique que l'Épiscopat nous a transmis au xvi siècle comme *un souvenir des temps passés approprié au be- soin des temps modernes.*

Dans les notions générales qui vont suivre et dont nous recommandons la lecture attentive, nous ferons connaître quelques autres détails graphiques propres à faciliter la bonne exécution des chants sacrés.

Indépendamment de la division en chapitres, nous a- vons indiqué chaque paragraphe par des chiffres arabes. Les chiffres entre parenthèses marquent les renvois d'un paragraphe à l'autre.

Enfin, comme corollaire de notre travail, un *Tableau* placé à l'entrée de l'Église et renouvelé tous les Di- manches et jours de Fête, donnera aux fidèles les indi- cations nécessaires pour trouver sans peine dans ce *Manuel* les Psaumes, Cantiques, etc., et les tons sur lesquels ils seront chantés.

---

(1) Cf. la *Méthode populaire de Plain-Chant romain tradition- nel,* 3ᵉ édition. — Paris. *E. Repos.*

Nous supplions Dieu, par l'intercession de Marie Immaculée et de sainte Cécile, de bénir ce petit livre et de le rendre utile à la sainte Église catholique, apostolique et romaine, que nous voulons servir de tout notre cœur, de toute notre âme et de toutes nos forces.

Aloys KUNG,

Chevalier de Saint-Sylvestre,

Maître de Chapelle et Organiste, etc.

MANUEL

DE CHANT RELIGIEUX

LES OFFICES DU SOIR

NOTIONS ÉLÉMENTAIRES (1).

CHAPITRE Ier.

DU PLAIN-CHANT ET DE SA NOTATION.

1. Le Plain-Chant est le chant officiel de l'Église catholique de l'Occident.

2. Les *signes de notation* dont on se sert pour l'écrire sont : la *portée*, les *notes*, les *clefs*, le *guidon*, les *barres de silence* ou *de conclusion*, le *bémol*, le *dièze* et le *bécarre*.

3. On appelle *Portée* la réunion des quatre ou cinq lignes parallèles et horizontales sur lesquelles et entre lesquelles on place les notes et les autres signes de l'écriture du Plain-Chant. Ces lignes se comptent de bas en haut.

4. Lorsque ces quatre ou cinq lignes ne suffisent pas, on en ajoute une petite nommée supplémentaire, au-dessus ou au-dessous de la portée.

---

(1) Ceux de nos lecteurs qui désireraient avoir de plus amples notions sur le Plain-Chant, consulteront avec fruit la *Méthode élémentaire de Plain-Chant romain traditionnel* de M. l'abbé Aubert, 2e édition, recommandée par S. G. Mgr l'archevêque de Toulouse dans sa remarquable *Lettre-circulaire sur le Chant dans les Eglises*, du 1er novembre 1861.

5. Les *Notes* sont des signes qui représentent les sons et leur durée temporaire.

6. La *forme* des notes indique la durée temporaire des sons. Cette durée temporaire, *rigoureuse dans la Musique*, n'est qu'*approximative dans le Plain-Chant*.

7. Les notes sont de trois espèces :

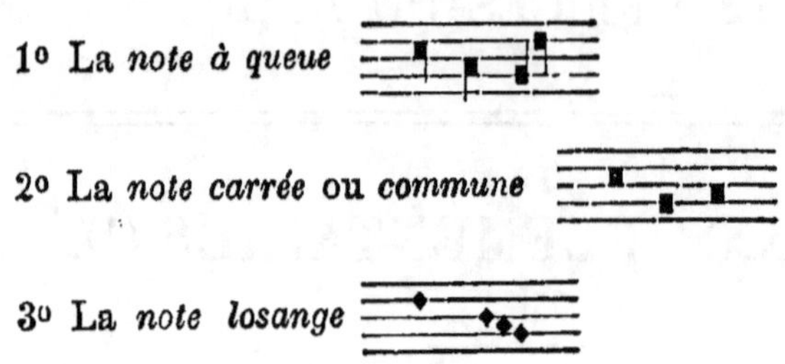

1° La *note à queue*

2° La *note carrée* ou *commune*

3° La *note losange*

8. La *note à queue* représente les sons qui doivent être *appuyés* et un peu soutenus ; quelquefois elle indique une simple liaison ;

9. La *note carrée* simple, ou *note commune*, sert de mesure aux autres durées, sans être cependant constamment égale à elle-même. Les notes carrées ordinaires doivent se chanter plus ou moins modérément, suivant le degré de solennité de l'office, mais sans aucun martellement ni égalité rigoureuse de mesure ;

10. La *note losange* peut être isolée, ou faire partie d'une suite de losanges *descendantes* : dans le premier cas, elle surmonte une syllabe *brève* ou *survenante* (64), n'a qu'une valeur de prononciation et doit être passée plus brièvement que les carrées ordinaires ; dans le second cas, les notes losanges doivent être exécutées *un peu* plus vite que les carrées, mais sans *aucune précipitation*.

11. Quelquefois on trouve deux notes carrées ne formant qu'une seule note : ; celle-ci vaut à peu près le double d'une carrée ordinaire.

12. Les différents degrés d'élévation ou d'abaissement des sons sont représentés par la position même des notes sur

les lignes ou dans les espaces qui séparent ces lignes ; les sons graves occupent naturellement les lignes et les espaces inférieurs, et les sons aigus les lignes et les espaces supérieurs.

13. Afin de reconnaître la distance qui sépare chaque son l'un de l'autre, depuis le plus grave au plus aigu, on a donné un nom aux notes qui les représentent. Les noms des notes sont, dans le Plain-Chant comme dans la Musique, au nombre de sept, savoir : *ut* ou *do*, *ré*, *mi*, *fa*, *sol*, *la*, *si*, en montant, et : *si*, *la*, *sol*, *fa*, *mi*, *ré*, *ut*, en descendant, suivant leur ordre naturel.

14. Les degrés d'intonation ne sont pas également distants entre chaque son ; de là, la division des intervalles en *tons* et *demi-tons*.

15. On donne le nom de *ton* au plus grand intervalle qui sépare deux notes consécutives, et celui de *demi-ton* au plus petit intervalle qui sépare deux notes également consécutives.

16. Ainsi, d'*ut* à *ré*, il y a un ton ; de *ré* à *mi*, un ton ; de *mi* à *fa*, un demi-ton ; de *fa* à *sol*, un ton : de *sol* à *la*, un ton, de *la* à *si*, un ton ; de *si* à *ut*, répétition de la première note à l'aigu, un demi-ton.

17. Pour déterminer d'une manière certaine et facile le nom de chaque note placée sur une ligne ou un espace, on a mis en usage, vers le XIe siècle, les signes appelés *Clefs*. Ces signes, écrits au commencement de la portée, fixant le nom d'une note placée sur telle ou telle ligne, le nom des autres notes s'en déduit tout naturellement.

18. Il y a trois clefs : celles de SOL, de FA, d'UT.

La clef de *sol* se place sur la deuxième ligne ;

La clef de *fa*, communément sur la troisième ligne ;

La clef d'*ut*, sur la troisième et la quatrième ligne.

La clef de *sol* ne s'emploie guère en Plain-Chant que lorsqu'on l'écrit sur des portées de cinq lignes, comme dans ce *Manuel*.

Les clefs de *fa* et d'*ut* s'emploient généralement avec des portées de quatre lignes. Exemple :

Clef de *sol*.   Clef de *fa*.   Clefs d'*ut*.

19. Le Plain-Chant, dans ses mélodies, n'embrassant que l'étendue ordinaire de la voix humaine, son échelle générale ou série des sons se compose d'une succession de quinze degrés ainsi disposés :

20. Le *Guidon* est un petit signe ayant la forme d'une demi-note à queue ; il se place à la fin des portées sur la ligne ou l'espace occupé par la première note de la portée suivante. Le guidon *ne se chante pas* ; il doit diriger la pensée du chanteur pour lier les notes d'une portée à celles de la portée qui suit. Nous en verrons plus loin des exemples.

21. Les *Barres* ou *stanguettes* sont des lignes perpendiculaires qui traversent la portée. Elles sont de trois espèces :

La petite barre, n° 1, sert à séparer les mots dans certains livres ;

La barre traversant toute la portée, n° 2, indique un repos ou la fin d'une phrase musicale ;

La double barre, n° 3, indique la fin d'un morceau. Placée au commencement d'un morceau, elle marque l'*intonation*, c'est-à-dire ce qui doit être chanté par une ou deux voix seulement ; après la double barre le chœur continue. Placée vers la fin de certains morceaux, la *double barre* marque l'endroit où toutes les voix doivent se réunir pour terminer en chœur.

---

(1) Ces sons étaient anciennement représentés simplement par les lettres A, B, C, etc., écrites au dessus du texte

22. Le *Bémol* est un petit signe ♭ qui, placé devant une note, abaisse d'un demi-ton le son de cette note :

Nous avons vu (16) que du *la* au *si* il y a *un ton*, mais ici, par l'effet du signe ♭ placé devant le *si*, du *la* au *si bémol* il n'y a plus qu'*un demi-ton*. Dans le Plain-Chant, le *si* est la *seule note* qui puisse recevoir le bémol.

23. Le *Dièse* ♯ élève d'un demi-ton le son de la note devant laquelle il est placé. Ordinairement ce signe ne s'écrit pas dans le Plain-Chant; mais dans la pratique il est sous-entendu, *devant le* fa *seulement*, comme nous l'indiquerons plus loin.

24. Le *Bécarre* ♮ placé devant une note précédemment affectée d'un bémol ou d'un dièse, détruit l'effet de ces deux signes et rend à cette note *son intonation naturelle.*

Exemple :

Pour le développement de ces principes sommaires de la science du Plain-Chant, nous renvoyons nos lecteurs aux méthodes spéciales que nous avons déjà fait connaître. Dans ces ouvrages ils trouveront des explications suffisantes sur la *lecture,* la *solmisation,* la *vocalisation,* le *chant* des mélodies liturgiques et l'*étude spéciale des clefs.* Nous allons étudier aussi succinctement que possible ce qui constitue plus spécialement le caractère du Plain-Chant, ce qui le différencie le plus de la Musique moderne.

CHAPITRE II.

DU SYSTÈME MUSICAL DU PLAIN-CHANT. — DES MODES.

25. Le Plain-Chant, nous l'avons déjà dit (19), renferme ses mélodies dans une série de quinze degrés. Cette série peut se diviser en deux parties absolument identiques et qui prennent le nom de *gammes*.

26. La *Gamme naturelle* ou *diatonique* est une série de sept notes se succédant dans leur ordre naturel avec la répétition de la première à l'octave. Ces huit notes, ainsi disposées, comprennent *cinq tons* et *deux demi-tons*. Les deux demi-tons sont placés (14) entre les notes *mi-fa* et *si-ut*; le demi-ton formé par les notes *si-ut* peut seul changer de place et se trouver quelquefois entre *la* et *si* ♭.

27. Comme dans une même mélodie on n'emploie pas la totalité des quinze degrés de l'échelle générale, la série des degrés empruntés à celle-ci donne naissance à des échelles partielles qu'on appelle *modes* ou *manières*.

28. Dans la Musique il n'y a que deux modes : le *majeur* et le *mineur*.

29. Dans le Plain-Chant, on peut avoir autant de modes que d'échelles partielles ou de séries diverses, chacune de ces séries conservant une physionomie, une *manière d'être* particulière par la position relativement différente des deux demi-tons naturels.

Cette distinction est essentielle pour ne pas assimiler la tonalité du Plain-Chant à celle de la Musique moderne.

30. C'est à S. Ambroise, évêque de Milan au IVe siècle, qu'est attribuée la division de l'échelle générale des sons en quatre *modes* dont les *finales* étaient les notes D ou *Ré*, E ou *Mi*, F ou *Fa*, G ou *Sol*.

31. Vers la fin du VIe siècle, S. Grégoire le Grand, qui a

donné son nom au *Chant Grégorien* (1), établit, sur chacune de ces *finales*, deux espèces de séries de sons : l'une commençant sur la finale même et s'élevant à une octave au-dessus, l'autre descendant quatre notes au-dessous de cette finale, mais ne pouvant monter que cinq notes au-dessus.

Ainsi ont été formés les *huit modes* admis généralement dans la pratique ordinaire : quatre appelés *authentiques* ou *supérieurs*, et quatre *plagaux* ou *inférieurs*, subordonnés les uns et les autres aux quatre finales RÉ, MI, FA, SOL, et marchant deux à deux comme il suit :

1er mode authent. :	RÉ mi fa sol	*la* si ut ré.	
2e mode plagal : la si ut	RÉ mi *fa* sol	la.	
3e authent. :	- MI fa sol	la si ut ré mi.	
4e plag. : si ut ré	MI fa sol	*la* si.	
5e authent. :	FA sol	la si *ut* ré mi fa.	
6e plag. : ut ré	mi FA sol	*la* si ut.	
7e authent. :	SOL la si ut	*ré* mi fa sol.	
8e plag. :	ré mi fa SOL	la si *ut* ré.	

32. Chacun de ces modes est parfaitement caractérisé, non-seulement par la position différente des deux demi-tons naturels relativement à la finale et à la note par laquelle commencent les *gammes* ou *échelles*, mais encore par la position de leurs *finales* et de leurs *dominantes* ou *teneurs*.

33. On appelle *finale* ou *tonique*, la note par laquelle finit une pièce de chant.

34. La *dominante* ou *teneur* est la note qui tend à être répétée plus souvent que les autres, et autour de laquelle semble se développer la mélodie. C'est sur la *dominante* que se chante la majeure partie de chaque verset des Psaumes dont la *mélodie* ou l'*air* change suivant les modes.

Dans le tableau des modes ci-dessus, nous avons indiqué les *finales* en lettres capitales, et les *dominantes* en lettres italiques.

35. Chaque mode n'a régulièrement qu'une octave d'éten-

____

(1) Ces mots ne sont autre chose que le *titre générique* donné au Chant de l'Eglise catholique, selon les paroles expresses de N. S. P. le Pape PIE IX : *Ecclesiasticus, seu,* UT VULGO DICITUR, *Gregorianus cantus* (Bref à Mgr Parisis, du 24 novembre 1856).

due; on regarde cependant comme réguliers les modes qui ne dépassent l'octave que d'une note au-dessus ou au-dessous.

36. Un mode est dit *irrégulier*, lorsque par son étendue, sa finale ou sa dominante, il s'écarte plus ou moins des modes réguliers.

CHAPITRE III.

DE LA LECTURE DU LATIN; DU RHYTHME ET DE L'ACCENTUATION DANS LE PLAIN-CHANT.

37. La première condition pour bien chanter le Plain-Chant c'est de prononcer et d'accentuer le latin d'une manière convenable.

38. Dans la lecture du latin, il faut s'attacher à acquérir une bonne prononciation. On évitera une prononciation molle et indécise, en cherchant à obtenir de chacune des syllabes toute la sonorité dont elle est susceptible; mais ce doit être toujours sans exagération. On arrivera facilement à ce résultat, si on articule les lettres telles qu'elles existent, et non en leur donnant une valeur différente de celle qui leur appartient, ou en altérant celle-ci par l'association d'autres lettres qui détruisent ou modifient leur valeur réelle (1).

39. On ne doit pas dire confusément les syllabes d'un même mot, ni les mots d'une même phrase ou d'un membre de phrase. Mais pour être entendues distinctement, il ne faut pas que les syllabes d'un même mot semblent former des mots isolés, ni que les mots d'une phrase ou d'un membre de phrase semblent n'avoir aucun rapport entre eux. Tous les signes de ponctuation doivent être fidèlement observés et rendus sensibles par des pauses convenables.

40. L'articulation la plus nette, la plus naturelle et la plus correcte des syllabes ne constitue pas seule, quant au chant,

____

(1) Ainsi la voyelle *e* se prononce en latin presque comme l'*é* *fermé* en français, à moins que dans la même syllabe elle ne soit suivie d'une consonne; ainsi: *Domine*, prononcez: *Dominé*, — *spes, semper*, prononcez : *spès, sèmpèr* (è ouvert).

une prononciation régulière; il faut y joindre l'*accentuation,* que rien n'indique dans l'écriture ordinaire et qu'on ne doit pas confondre avec la *prosodie;* car dans la lecture du latin, l'*accent* seul et non la *quantité* détermine la valeur temporaire des syllabes.

41. Tout chant d'église, soit le chant proprement dit, soit le chant *recto tono*, a un *Rhythme* qu'il faut faire sentir dans l'exécution. Ce rhythme consiste dans l'alternative des notes et syllabes *accentuées,* des notes et syllabes *faibles* et des notes et syllabes *communes* ou *moyennes.* Par conséquent le Plain-Chant *ne doit jamais être chanté à notes égales.* Les sons martelés ou saccadés ne peuvent engendrer qu'une insipide monotonie, incapable de faire naître dans l'âme des auditeurs un sentiment ou une émotion. Si, au contraire, les *notes caudées* sont légèrement *accentuées,* c'est-à-dire chantées avec un peu plus de force et de durée que les *carrées;* celles-ci *exécutées avec douceur,* sans secousses et sans coups de gosier, d'une manière coulante; enfin les *losanges* prononcées *avec un peu moins de force et de durée* que les simples carrées, toutefois sans aucune précipitation, on obtiendra des chants pleins de vie, de sentiment, et dont les charmes religieux seront bientôt goûtés de tous les fidèles.

42. Si le chant lui-même devient insupportable, exécuté avec une monotone uniformité, à plus forte raison la lecture liturgique, et par suite la *Psalmodie*, sera-t-elle totalement défectueuse, si on appuie et si on glisse également sur tous les mots et sur toutes les syllabes de chaque mot.

43. Pour bien psalmodier, il faut, dans chaque mot de plusieurs syllabes, appuyer sur l'une plus que sur les autres; cette syllabe est marquée dans les pièces notées par la note caudée, et dans les textes sans notation par l'accent aigu ('). Cet accent, dans les livres liturgiques, n'a pas d'autre objet que d'indiquer un appui de la voix sur la syllabe qu'il surmonte.

44. Voici les principes généraux d'après lesquels on détermine la syllabe qui doit être accentuée :

45. Il n'y a jamais qu'*une syllabe forte* ou *accentuée* dans un mot, et elle ne peut être que l'*une des trois dernières.*

46. Il ne peut de même y avoir plus d'*une syllabe faible:*

c'est toujours celle qui suit la syllabe forte, et elle ne peut être que la *dernière* ou *l'avant-dernière*.

47. Les mots sont d'une, de deux, de trois ou d'un plus grand nombre de syllabes.

48. Les *mots d'une syllabe* (*monosyllabes*) qui ont un sens par eux-mêmes : nox, me, sunt, *etc.*, portent seuls l'accent.

49. Les *mots de deux syllabes* (*dyssyllabes*) : mater, Deus meus, erat, *etc.*, ont toujours la *première* accentuée. Cette règle étant *générale*, l'accent n'est jamais marqué dans ces mots. Cependant les mots indéclinables, quelques noms hébreux, etc., le mot JESU, reçoivent l'accent sur la dernière syllabe.

50. Si plusieurs mots de deux syllabes se suivent immédiatement, il faut avoir soin de les accentuer très-légèrement.

51. Dans les *mots de trois* ou *de plus de trois syllabes*, l'accent se place sur l'avant-dernière ou *pénultième* : Laudáte, sperávi, filiórum, *etc.* Ces mots sont appelés *paroxitons*.

52. Si l'avant-dernière syllabe est naturellement brève, l'accent se reporte sur celle qui la précède immédiatement (*antépénultième*) : Dómino, glória, lucíferum, *etc.* Ces mots sont appelés *proparoxitons*.

53. La *dernière* syllabe reste commune ou moyenne, ainsi que toutes celles qui ont pu précéder la syllabe forte ou accentuée.

54. Mais la *dernière* syllabe d'un mot se prononce toujours brève, c'est-à-dire qu'en l'exprimant la voix ne doit pas se prolonger.

55. Toutes les syllabes non accentuées qui précèdent la syllabe accentuée ou qui suivent la syllabe faible, peuvent se montrer les unes par rapport aux autres dans une certaine relation de force ou de faiblesse, mais cette relation ne doit pas être tellement sensible qu'elle fasse confondre les syllabes *communes* ou *moyennes* avec celles qui sont réellement *fortes* ou *faibles*.

56. Dans ce *Manuel*, les syllabes accentuées sont indiquées dans le texte des Psaumes non notés par l'accent (*'*); les syllabes *faibles* et *survenantes*, sur lesquelles on doit passer un peu rapidement, sont imprimées en caractères italiques, Ex. : Dó-*mi*-nus, Spiri-*tu*-i, sæ-*cu*-la sæculórum, *etc.*

Telles sont, en abrégé, les vraies règles de l'accentuation

latine d'après les meilleurs auteurs. Si ces règles doivent être suivies dans la simple lecture, à plus forte raison doit-on les observer dans la Psalmodie. Mais ici quelques difficultés se présentent, et c'est afin de les prévenir et de les résoudre le mieux possible que nous ajoutons le chapitre suivant.

CHAPITRE IV.

DE LA PSALMODIE.

57. La *Psalmodie* est le chant des Psaumes et des Cantiques de l'Ancien et du Nouveau Testament.

58. Les Psaumes et les Cantiques se divisent en versets.

Les versets eux-mêmes sont divisés en deux parties entre lesquelles doit se faire un grand repos indiqué par un astérisque ou étoile (*); ces versets se chantent naturellement sur la même mélodie, dans un même Psaume ou Cantique.

59. La mélodie des Psaumes comprend quatre choses qu'il importe de bien distinguer : l'*intonation*, la *teneur* ou *dominante*, la *médiation* et la *terminaison*.

60. L'*Intonation* est la manière de commencer le Psaume ou le Cantique; elle comprend les notes qui conduisent à la *teneur*.

61. La *Teneur* ou *Dominante* est la note sur laquelle se chantent toutes les paroles, depuis l'intonation proprement dite (quand il y en a) jusqu'à la médiation, et de la médiation à la terminaison.

62. La *Médiation* est l'inflexion que fait le chant sur les dernières syllabes essentielles de la première partie de chaque verset.

Le nombre des syllabes nécessaires à la médiation varie suivant les divers Tons psalmodiques.

63. La *Terminaison* est la manière de terminer chaque verset des Psaumes ou des Cantiques. Cette terminaison doit être la même pour tous les versets d'un même Psaume ou Cantique. Elle est ordinairement indiquée à la fin de chaque Antienne par les notes que l'on place au-dessus des voyelles *e u o u a e* et qui appartiennent aux deux mots *sœculorum, amen*.

64. Toute syllabe brève par nature ou affaiblie par position ne compte pas *ordinairement* dans la formation de l'intonation, de la médiation et de la terminaison ; on la nomme dans ce cas *syllabe survenante*.

65. L'*intonation* est *solennelle* ou *simple*.

66. Elle est *solennelle* (97) au *premier* verset des Psaumes — qui est toujours réservé aux choristes seuls — et à *tous* les versets des Cantiques évangéliques *Magnificat*, *Benedictus* et *Nunc dimittis*.

67. A partir du deuxième verset, l'intonation des Psaumes est toujours *simple* (98), c'est-à-dire que le chant commence par la note de la *teneur* ou *dominante*, sans intonation proprement dite.

68. La *teneur* ou *dominante*, quand la psalmodie est régulière, ne subit aucune variation. Le chant romain n'a admis qu'une seule psalmodie irrégulière : c'est celle de l'*In exitu*, qui après l'astérisque, a une *teneur* différente de la première. On verra plus loin d'autres psalmodies irrégulières reçues dans plusieurs Eglises de France.

69. La *médiation* peut être de *deux* ou de *quatre* syllabes.

70. La médiation de *deux* syllabes se fait en appuyant un peu plus sur la syllabe accentuée qui précède immédiatement l'astérisque, cette syllabe fût-elle la dernière.

71. Si le dernier mot est hébreu, grec indéclinable ou monosyllabe accentué, comme *Israel*, *Jacob*, *David*, *Sion*, *Cedar*, *sum*, *es*, *me*, *te*, *se*, *nos*, *est*, etc., on relève la dernière syllabe ou ce monosyllabe d'une note au-dessus de la teneur, et on suspend la médiation sur cette note. Cette médiation, appelée *médiation rompue*, a lieu seulement dans la psalmodie des *deuxième*, *quatrième*, *cinquième*, *huitième* tons et aussi dans celle de l'*In exitu*.

72. La médiation de *quatre* syllabes doit commencer sur l'avant-dernière syllabe accentuée qui précède l'astérisque. En lieu convenable nous verrons quelques exceptions à cette règle.

73. Lorsque dans la médiation et la terminaison, la mélodie s'élève d'une ou de deux notes au-dessus de la teneur cette note plus élevée doit nécessairement tomber sur *une syl-*

labe accentuée, et *non sur la dernière syllabe* d'un mot, ni, à plus forte raison, *sur une syllabe brève.*

74. Si la première note de la médiation ou de la terminaison est moins élevée que la teneur, une syllabe brève et la dernière syllabe d'un mot peuvent servir à leur formation.

75. Lorsque après la syllabe qui doit être la première de la médiation ou de la terminaison, il en reste plus qu'il est nécessaire pour placer les notes de la formule, les syllabes *survenantes*, considérées comme nulles, se chantent sur la note de la syllabe réelle qui suit. Cependant, si la syllabe survenante est une particule monosyllabique: *et, in, ad, per, pro,* etc., ou la première d'un mot de trois syllabes réelles : *sperávi, eórum, festina,* etc., on chante cette particule ou cette première syllabe sur la note de la syllabe qui précède. L'exposé des psalmodies de chaque mode offrira l'application de ces règles.

76. Chaque *mode* ou *ton psalmodique* a plusieurs *terminaisons.* Cette diversité a été admise dans le but de donner de la variété au chant des Psaumes, et surtout afin que la note finale fût toujours en rapport avec le commencement de l'Antienne qui lui correspond.

77. La terminaison est *complète* lorsque sa dernière note est la vraie finale du mode; on l'indique ordinairement par une *lettre majuscule* placée en tête de chaque Antienne, à la suite du chiffre qui annonce le mode.

78. Quand la dernière note n'est pas la finale du mode, la terminaison est dite *incomplète*, et désignée par une *lettre minuscule.* Les autres lettres *italiques, accentuées, cédillées* ou *redoublées, a, à, ç, aa,* n'ont d'autre but que d'éviter toute confusion dans la distinction des terminaisons.

79. La note finale de la terminaison est indiquée par une des lettres suivantes, qui, comme nous l'avons déjà vu, servaient autrefois à exprimer les sept notes de la gamme :

a, b, c, d, e, f, g.
la, si, ut, ré, mi, fa, sol.

80. Les variétés de terminaison, quelles qu'elles soient, ne demandent pas plus de cinq syllabes dans le quatrième mode, ni plus de quatre dans tous les autres.

81. Nous rappelons que si la première note de la terminaison est **moins** élevée que celle de la teneur, une syllabe non accentuée peut généralement être la première de la terminaison.

82. *L'avant-dernière syllabe* de chaque terminaison doit être une *syllabe accentuée;* et les survenantes qui suivent seront chantées sur la même note que la dernière syllabe.

83. Les mots *proparoxitons* suivis d'un monosyllabe final, et le monosyllabe précédé d'un mot sans accent, font exception à cette règle. Ex. : **Gé**-*nu*-**i** te, **ex** hoc **in** hoc, *etc.*

84. Les mots qui suffisent seuls à la formation des médiations et terminaisons n'ayant comme tous les autres qu'un seul accent, on commence les unes et les autres sur l'une des premières syllabes de ces mots, quelle que soit leur quantité. Ex. : mi-**se**-ri-**cór**-*dia*, be-**ne**-di-**cé**-tur, dormi-**ta**-ti-**ó**-nem, *etc.*

85. On agit de même avec les mots sans accent, ces mots étant unis, dans la prononciation, avec le mot suivant, comme s'ils en formaient la première syllabe. Ex. : **et** ju-**dí**-*ci*um, **ut** vi-**dé**-rem, *etc.*

86. Lorsqu'un verset, avant ou après l'astérisque, a moins de syllabes qu'il n'y a de notes dans la médiation ou dans la terminaison, on ne prend dans les dernières notes de cette médiation ou de cette terminaison que le nombre nécessaire pour les paroles qui doivent être chantées.

Avant d'aborder l'exposé des psalmodies de chaque mode dans lequel nous ferons sur chacune d'elles les observations nécessaires et relatives à quelques difficultés inévitables, nous devons faire connaître les indications employées dans ce *Manuel.*

87. Nous avons déjà vu (58) que chaque verset des Psaumes et des Cantiques est divisé en deux parties par un astérisque. Cet astérisque est l'indice d'une pause ou repos très-sensible appelé *grand repos*, comme celui qui doit se faire à la fin de chaque verset avant la reprise du verset suivant.

88. D'autres repos, mais *plus petits*, sont indiqués par les signes de ponctuation. Quelquefois cependant ces pauses ou

repos indiqués par la ponctuation sont insuffisants, et la né-
cessité de reprendre haleine oblige à introduire dans les
versets plus longs des pauses supplémentaires. Afin de prévenir des erreurs assez communes, et des coupures mala-
droites qui rendent le texte latin inintelligible, ridicule ou
indécent, nous avons, à l'exemple des livres de Chant Romain
traditionnel de Digne, indiqué ces repos supplémentaires par
le signe ("), placé au-dessus du texte.

89. Il ne faut pas perdre de vue que les pauses indiquées
par la ponctuation ou le signe (") ne doivent jamais être aussi
prononcées que la pause prescrite à la médiation et à la fin
de chaque verset. Il est encore évident que l'indication de
silences par le signe (") doit être ordinairement considérée
comme n'existant pas, quand le chant psalmodique est *un
peu rapide*.

90. La plus grande difficulté dans la Psalmodie se rencontre à la *médiation* et à la *terminaison*. Afin d'indiquer
d'une manière précise, et de notre mieux, l'application des
paroles à la mélodie dans ces deux cas, nous avons imprimé
en lettres *normandes* les syllabes qui doivent correspondre
aux premières notes de la médiation et de la terminaison.
Ainsi :

91. Pour la médiation de deux syllabes, dans les

92. La médiation *rompue* (71) est indiquée par les *lettres capitales*.

93. Pour la médiation de quatre syllabes, dans les

94. Pour les diverses terminaisons :

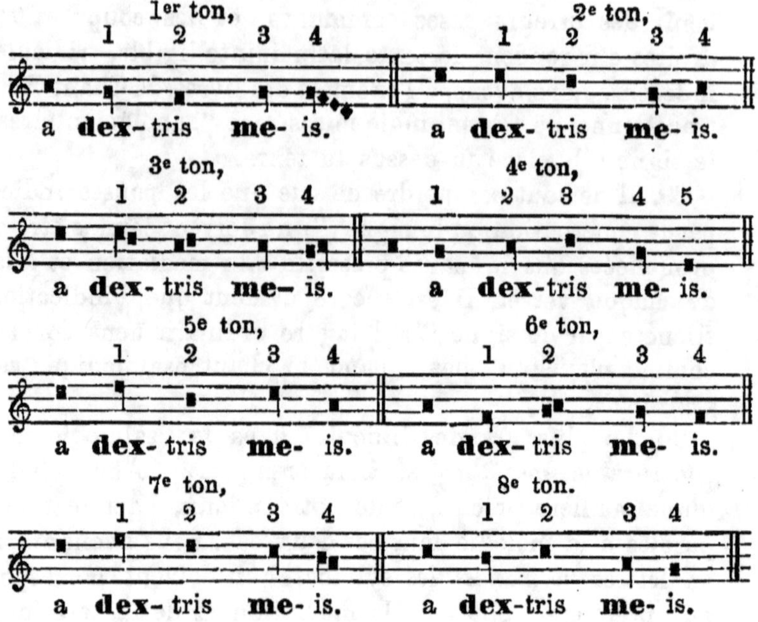

Il suffira de faire attention aux différentes formules des Tons psalmodiques que nous allons analyser, pour comprendre l'application facile de ce procédé.

CHAPITRE V.

EXPOSITION DES TONS PSALMODIQUES, AVEC LEURS INTO-
NATIONS, TENEURS, MÉDIATIONS ET TERMINAISONS.

1er TON PSALMODIQUE.

95. La médiation du Premier ton a *deux* syllabes, et l'on
doit insister sur la syllabe accentuée qui précède immédiatement l'astérisque, soit que l'on fasse la ligature *la-sol* (1), soit
qu'on la remplace par la simple note *la* (2).

96. La terminaison affecte *quatre* syllabes ; elle commence à
la première syllabe écrite en lettres normandes, ou à celle
qui la suit immédiatement, lorsque dans les dernières
syllabes il s'en trouve quelqu'une naturellement brève.

97. Int. solenn.   Teneur.   Médiation (1).   (2)

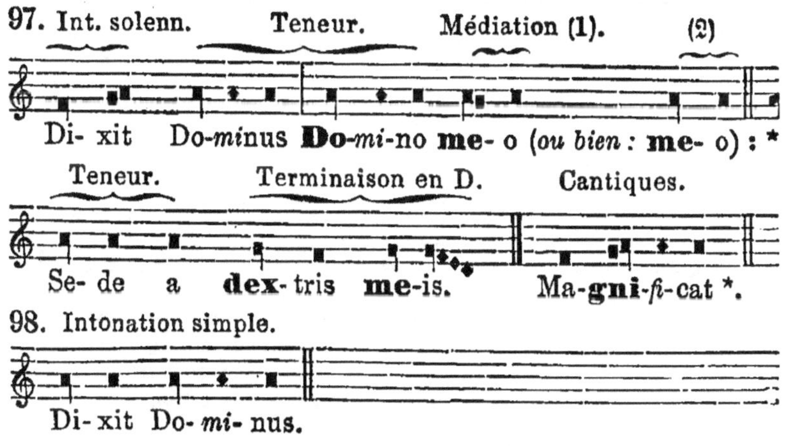

98. Intonation simple.

A Rome, on fait usage de la médiation suivante composé·
de *quatre* syllabes :

99. Les autres terminaisons usitées dans le premier ton sont les suivantes :

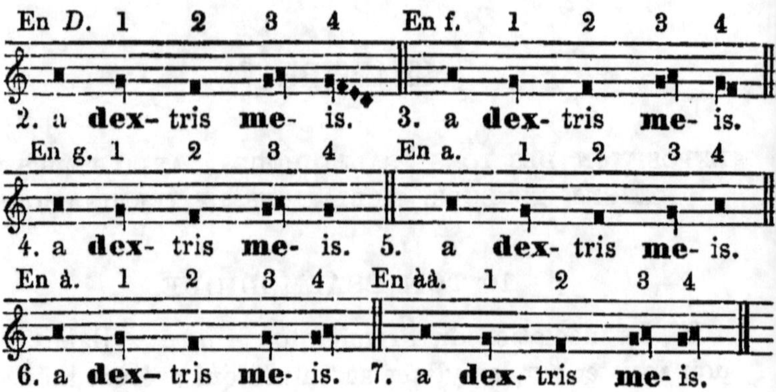

100. EXEMPLES DE MÉDIATIONS ET DE TERMINAISONS DIFFICILES OU IRRÉGULIÈRES.

Médiations liées.

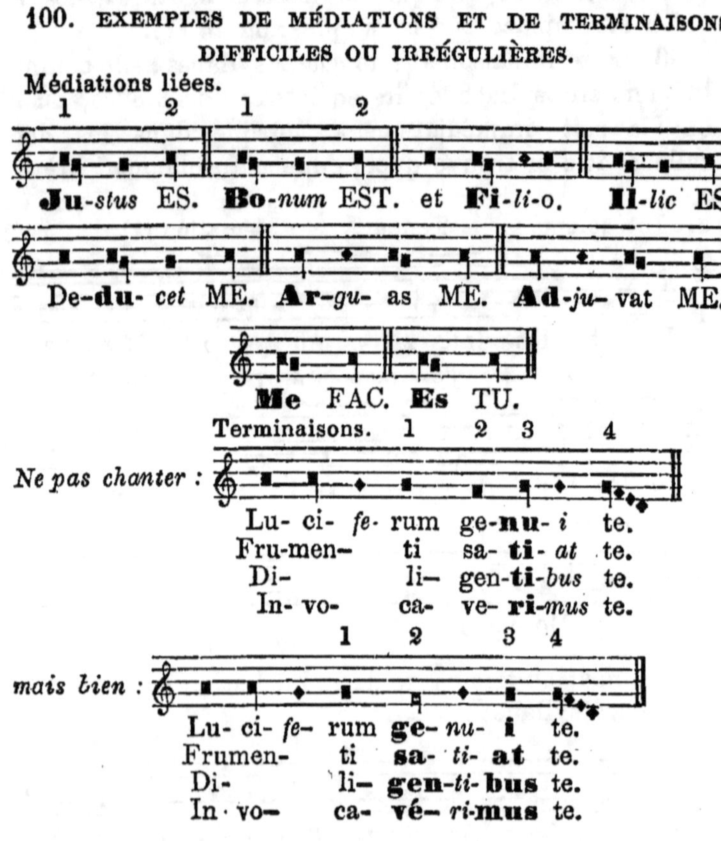

PREMIER TON IRRÉGULIER.

101. La médiation demande *quatre* syllabes, de même que
la terminaison qui doit commencer par la note de la teneur
sur la première syllabe écrite en lettres normandes.

DEUXIÈME TON (1).

102. La médiation du Deuxième ton compte *deux* syllabes dont la première, indiquée par la deuxième syllabe écrite en lettres normandes, doit être appuyée. Dans les cas indiqués (71) la médiation est rompue.

103. Ce mode n'a qu'une terminaison de *quatre* syllabes; la première syllabe en lettres normandes est la première de la terminaison.

Ne pas chanter :

mais bien :

104. Plusieurs diocèses de France admettent le *Deuxième*

ton suivant, en A, qui veut *quatre* syllabes à la médiation et à
la terminaison (1). La première note se place sur la première
syllabe en lettres normandes, ou sur celle qui la suit immédiatement lorsque celle-ci est *survenante* dans les autres tons.

TROISIÈME TON.

105. La médiation de ce ton exige *quatre* syllabes réelles;
elle doit commencer sur une accentuée qui est la première
syllabe écrite en lettres normandes.

106. La terminaison a *quatre* ou *cinq syllabes;* elle commence
à la première syllabe en lettres normandes ou à celle qui la
précède immédiatement.

Nous recommandons la plus grande attention aux irrégu-
larités de ce ton qui peuvent se rencontrer dans quelque
autre.

(1) Aux Chants des Saluts du T. S. Sacrement, on trouvera le
Miserere mei de la chapelle Pontificale, qui peut se rapporter
au Deuxième ton.

Cantiques.

107. EXEMPLES DE MÉDIATIONS ET DE TERMINAISONS DIFFICILES OU IRRÉGULIÈRES SOUS LE RAPPORT DE L'ACCENTUATION.

Médiations.

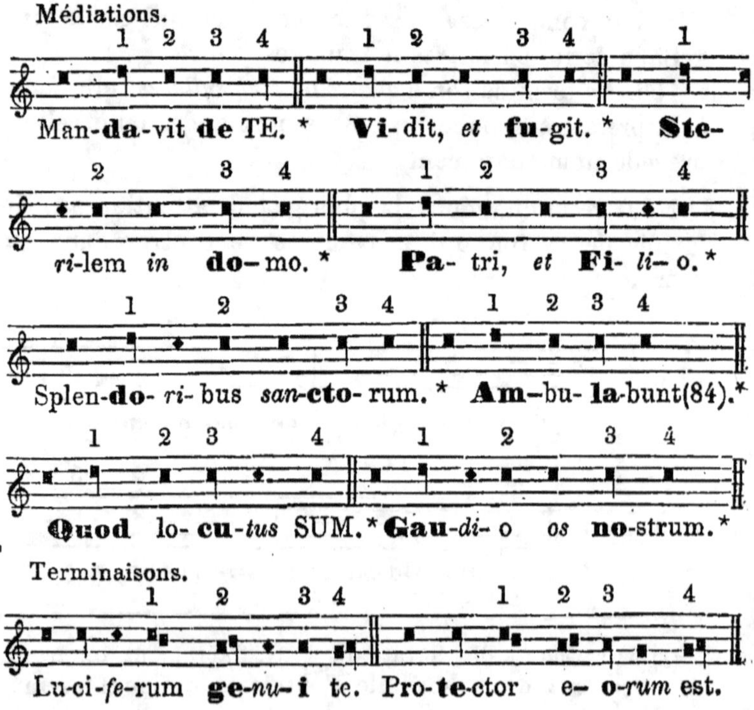

Terminaisons.

QUATRIÈME TON.

108. La **médiation** porte sur les *quatre* dernières syllabes
avant l'astérisque. La note accentuée à laquelle on doit prendre garde pour la distribution des syllabes, est la pénultième ou seconde écrite en lettres normandes. Dans les cas
indiqués (71) la médiation est rompue.

109. La terminaison affecte *cinq* syllabes (74). La première
syllabe en lettres normandes, si elle est immédiatement
suivie d'une brève, doit être la première de la terminaison ; si elle n'est pas suivie d'une brève, cette même syllabe
devient la seconde de la terminaison.

La terminaison *en* g, descend d'un degré seulement sur la
dernière syllabe.

Médiation rompue.

CINQUIÈME TON.

110. La médiation, comme celle du Deuxième ton, prend *deux* syllabes. La médiation rompue se fait de la même manière (102).

111. La terminaison veut *quatre* syllabes, dont la première et la troisième doivent être accentuées. Dans quelques cas cependant (84 et 85) la première peut être une syllabe commune.

Terminaisons difficiles.

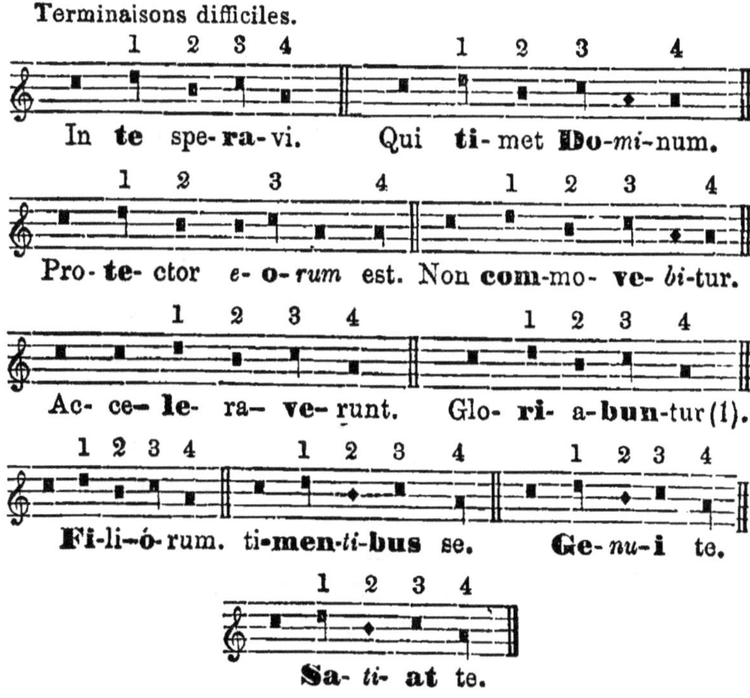

112. AUTRE CINQUIÈME TON, POPULAIRE EN FRANCE APPELÉ CINQUIÈME TON EN C, TRANSPOSÉ.

---

(1) Dans la prononciation liturgique, *toutes les syllabes qui précèdent l'accent étant communes et ayant la même valeur* (53) un mot de quatre ou de cinq syllabes peut, à lui seul, suffire pour les terminaisons des cinquième et septième tons.

SIXIÈME TON.

113. Ce que nous avons dit du Premier ton pour la médiation et la terminaison s'applique également ar Sixième (95-100).

114. Dans plusieurs Églises on chante le *Sixième ton irrégulier suivant*. Sa médiation veut *quatre* syllabes et commence à la première écrite en lettres normandes.

115. La terminaison demande aussi *quatre* syllabes ; elle peut commencer à la première en lettres normandes ou à la brève qui suit immédiatement.

SEPTIÈME TON.

116. La médiation de ce ton, comme celle du Troisième, veut *quatre* syllabes réelles ; elle commence sur la première syllabe normande.

117. La terminaison demande aussi *quatre* syllabes et se traite comme celle du Cinquième ton (**111**).

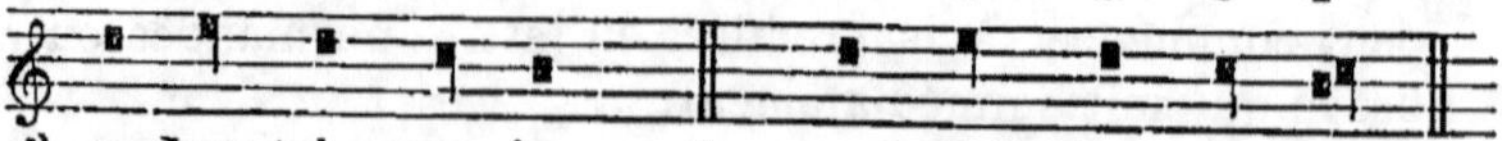
En b. 1 2 3 4
En c. 1 2 3 4
2. a **dex**-tris **me**- is.
3. a **dex**- tris **me**- is.

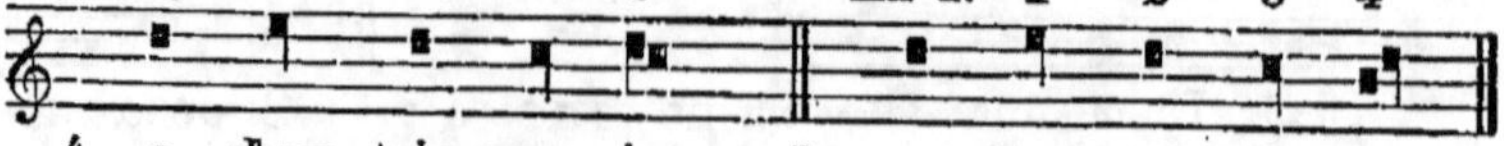
En ç. 1 2 3 4
En d. 1 2 3 4
4. a **dex**- tris **me**- is.
5. a **dex**-tris **me**- is.

Cantiques. Ou bien.

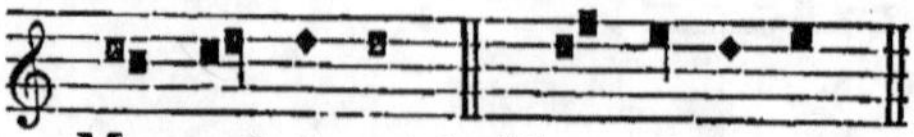
Ma-**gni**-*fi*-cat * Ma-**gni**-*fi*- cat *.

Médiations difficiles.

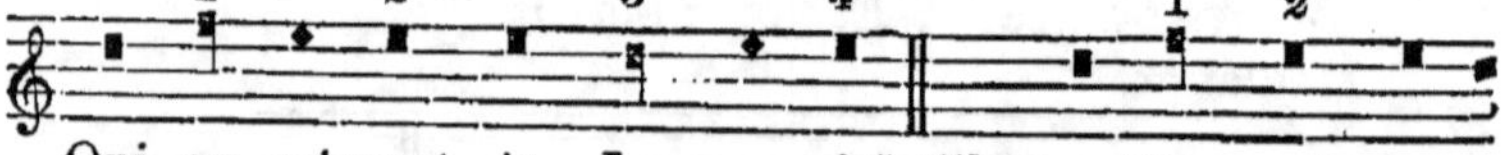
1 2 3 4 1 2
Qui **se**- *mi*-nant *in* **la**- *cry*-mis*. Glo*ri*-a **Pa**- tri, *et*

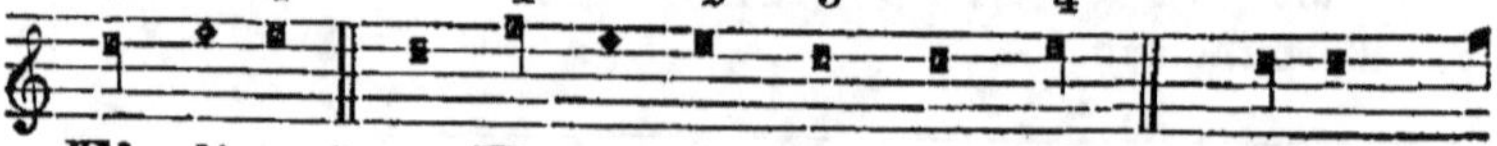
3 4 1 2 3 4
Fi- *li*- o. * **Do**- *mi*-nus **su**- *per* VOS *. De- us

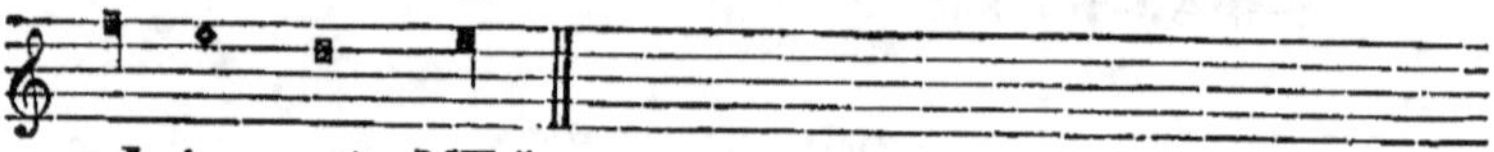
1 2 3 4
ad-*ju*- **vat** ME *.

Terminaisons.

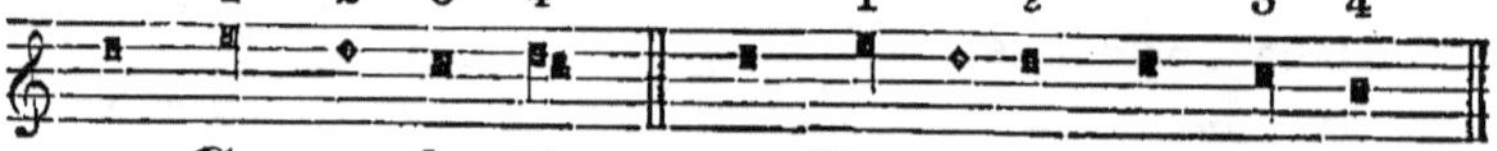
1 2 3 4 1 2 3 4
Ge- *nu*- **i** te. **Pu**- *te*- us *os* **su**-um.

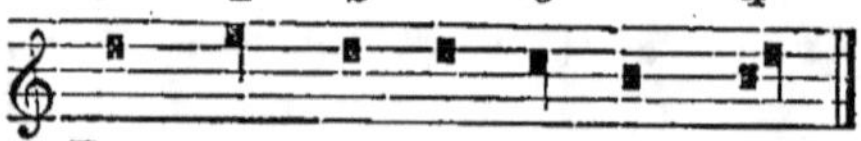
1 2 3 4
Pro- **te**- ctor *e*- **o**- *rum* est.

HUITIÈME TON.

118. La médiation de ce ton veut *deux* syllabes, comme celle du Deuxième, et suit les mêmes règles (102).

119. La terminaison prend *quatre* syllabes ; elle commence à la première syllabe en lettres normandes, ou à celle survenante qui la suit immédiatement (74).

120. RÉPONSES DIVERSES DU CHŒUR.

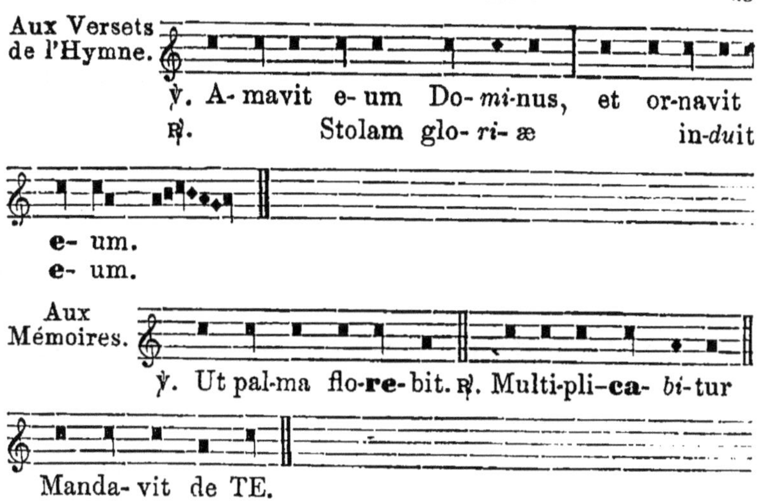

Aux Versets
de l'Hymne.
℣. A- mavit e- um Do- mi-nus, et or-navit
℟. Stolam glo- ri- æ in-duit

e- um.
e- um.

Aux
Mémoires.
℣. Ut pal-ma flo-re-bit. ℟. Multi-pli-ca- bi-tur

Manda- vit de TE.
De do-mo Da-VID.

CHAPITRE VI.

DE LA BONNE EXÉCUTION DU CHANT DE L'ÉGLISE.

121. De la bonne exécution du chant dépendent les impressions salutaires que les mélodies liturgiques doivent produire durant la célébration des offices divins.

122. Une bonne exécution, dit Mgr Parisis, exige la *justesse*, l'*ensemble* et la *piété*.

123. La *justesse* est naturellement la première condition de tout chant. Chanter *juste*, c'est conserver à chaque note un seul et même ton dans le même morceau de chant; c'est exprimer les différentes notes d'après la valeur exacte de leur distance relative : quand on manque à l'une ou à l'autre de ces règles, on chante *faux*. — On chante *faux*, en montant ou en baissant. Le défaut de *monter* provient presque toujours de ce que l'on force sa voix. La voix *baisse*, au contraire, souvent parce qu'on chante avec nonchalance et qu'on ne soutient pas le chant autant qu'on pourrait le faire. Les enfants surtout doivent se garder de chanter à pleine voix, s'ils ne veulent pas porter la perturbation dans le chant.

124. On obtiendra l'*ensemble* le plus satisfaisant, si l'on a soin de bien *articuler* toutes les syllabes; — de bien *prononcer* tous les mots selon les règles que nous avons fait connaître; — de *respirer à propos;* — de ne point couper, par la respiration, les syllabes d'un même mot; — de *ne point interrompre* les phrases ou les membres de phrase soit de la mélodie soit du texte par des repos déplacés, mais d'*observer* avec intelligence ceux qui sont indiqués; — dans le cas où plusieurs notes affectent une

syllabe, de *ne point donner des coups de voix*, mais de couler légèrement les notes sur la syllabe sans saccader ; et lorsque la syllabe se termine par une consonne, de ne point *faire entendre la consonne finale*, si ce n'est sur la dernière note et au moment où l'on quitte cette syllabe ; — de *chanter exactement ce qui est indiqué*, sans y rien changer ni ajouter.

125. Enfin les fidèles doivent constamment s'attacher à suivre la voix des chantres, ainsi que le mouvement et le ton donnés à la Psalmodie ou aux autres chants auxquels ils peuvent prendre part. Ils doivent avoir assez de piété et de bon sens pour s'imposer d'eux-mêmes le silence, lorsqu'ils s'aperçoivent qu'ils apportent quelque trouble au chant des divins offices. Rien n'est plus convenable que de chanter sans forcer la voix, et de manière à entendre toujours celle des chantres. — Que ceux qui ne sont pas bien sûrs écoutent et suivent les autres, mais sans traîner, ni ralentir, ni précipiter le mouvement ; — que ceux qui ont la voix beaucoup plus forte l'adoucissent ; — que ceux qui l'ont désagréable, l'adoucissent également, autant que faire se peut, se bornant à l'unir aux autres voix qu'ils doivent laisser dominer la leur. — Que tous surtout s'abstiennent de chanter dans les *faux-bourdons*, dont l'exécution doit être laissée aux chantres seuls.

126. Le chant doit être *pieux*, parce qu'il est l'expression de la prière ; mais pieux, non-seulement par la piété intime et personnelle de ceux qui l'exécutent, mais encore par la manière dont il est exécuté. — Un chant n'est pas *pieux* quand il est *dur* : ce qui vient de ce que les sons successifs dont le chant se compose, au lieu d'être liés ensemble, comme le veut la nature même du langage, sont séparés les uns des autres par autant de secousses qu'il y a de notes ou de syllabes ; — quand il est *rapide* jusqu'à la précipitation ; — quand il est *lourd*, soit par un excès de lenteur qu'on prend généralement pour de la solennité et qui amène forcément l'ennui, soit par un son de voix trop grave ; — quand il est *immodéré* par les efforts excessifs ou l'extrême élévation des voix, ce qui nuit à l'articulation des paroles et transforme le chant en cris désordonnés.

127. Nous ne saurions mieux faire que de résumer toutes

les conditions d'une bonne exécution par les paroles mêmes
de S. Bernard (1).

« Il ne faut pas, dit ce grand Docteur, que les psalmodies
« soient **traînées**; elles veulent être exécutées rondement, et
« avec une **accentuation** nette et vive. Que pour la partie
« de chaque verset qui précède la médiation, et pour celle
« qui la termine, on ait soin de commencer et de finir tous
« ensemble; que personne ne prolonge le son de la dernière
« syllabe, mais que chacun s'arrête aussitôt qu'elle est pro-
« noncée. A la médiation, faisons toujours une pause bien
« marquée. Que nul donc ne se permette, ni de commencer
« avant les autres, ni d'aller plus vite qu'eux, ni de pro-
« longer le son de sa voix après le chœur, ni d'appuyer sur
« les finales. Ayons toujours l'oreille attentive, afin de
« chanter ensemble et de faire les pauses ensemble. Nous
« vous avertissons, N. T. C. F., de vous présenter devant
« le Seigneur pour chanter ses louanges, avec autant de
« joie que de respect; n'y soyons pas avec un air paresseux,
« endormi ou nonchalant, ne chantant que du bout des
« lèvres. Prenez garde de couper les mots, ou de n'en pro-
« noncer que la moitié, ou d'en passer d'entiers. Evitez de
« chanter d'une manière molle, efféminée et négligée, mais
« prononcez d'un ton mâle et avec affection les paroles du
« Saint-Esprit. »

Ces règles sont tellement exactes et précises qu'après huit
cents ans d'existence elles n'ont besoin ni de modification
ni même de commentaire (2).

---

(1) S. Bern. Serm. 47.
(2) Mgr Parisis. Instruct. Past. cit.

CHAPITRE VII.

RÈGLES DU CHANT AU CHŒUR.

128. Les Réponses à l'Officiant : *Et cum spiritu tuo*, *Amen*, etc. (120), doivent être chantées par tous les fidèles, qui *se garderont de trainer la voix sur les syllabes finales.*

129. Tous les autres chants, *Psaumes*, *Cantiques*, *Hymnes*, etc., se chantent alternativement et à deux chœurs dans l'ordre suivant :

130. Le *premier chœur* est représenté par les chantres du lutrin;

Le *second chœur* est formé par quelques autres chantres placés dans le sanctuaire ou dans la nef de l'Eglise, et auxquels se joindront les voix de tous ceux des fidèles qui convenablement peuvent et doivent prendre une part active aux louanges de Dieu.

131. Le premier verset des *Psaumes*, *Cantiques*, etc., la première strophe des Hymnes, et *toutes les intonations*, sont exclusivement réservés au *premier chœur;* lorsque celui-ci a complétement achevé et après une pause de quelques instants, le *second chœur* chante le second verset ou la seconde strophe, et ainsi de suite. Nous ferons observer qu'à la pause de la médiation, et à celle de la fin des versets, il doit se faire un silence universel.

132. Le signe † indique les versets des Psaumes et des Cantiques qui se chantent plus lentement et les strophes des Hymnes pendant le chant desquelles on se met à genoux.

133. Toute syllabe surmontée de l'accent aigu doit être dite avec une *légère insistance vocale;* mais le *petit prolongement* produit naturellement dans la *durée* de cette syllabe ne doit pas être trop sensible.

134. Les syllabes non accentuées doivent être dites sans aucune insistance vocale, mais tout naturellement, sans ef-

135. Les dernières syllabes des mots qui suivent ordinairement les syllabes accentuées, se chantent aussi sans aucune insistance vocale ; on doit surtout éviter de les attaquer fortement et de les prolonger comme on le fait communément.

136. Afin de donner à toutes les voix le moyen de se réunir, de se bien accorder et de se mouvoir ensuite avec ensemble, il est bon de *tenir un peu la première ou la seconde syllabe de chaque verset*, suivant que l'une ou l'autre porte l'accent.

137. Cette *tenue* ou prolongation de la voix doit se faire également sur l'avant-dernière (*pénultième*) note de toute pièce de chant; et dans les Psaumes et les Cantiques, on l'observe à l'avant-dernière, ou, suivant les cas prévus (51, 52), à celle qui précède l'avant-dernière (*antépénultième*) de la médiation et de la terminaison de chaque verset.

138. Les syllabes *brèves* imprimées en lettres italiques (Dó-*mi*-no) doivent être prononcées plus rapidement que les autres, alors même qu'elles sont admises au nombre des syllabes essentielles, dans la médiation ou la terminaison; à plus forte raison quand elles sont à l'état de syllabes *survenantes*.

139. Dans les Chants des Saluts, auxquels peuvent prendre part les deux chœurs réunis, ceux-ci doivent chercher à s'identifier de manière à ne faire qu'un.

140. Nous croyons inutile d'ajouter combien est puissante, combien est salutaire l'influence du chant liturgique. Cependant à toutes les âmes qu'anime le zèle pour la gloire de Dieu, nous faisons un appel, afin qu'elles nous aident à développer, à propager cette divine influence. — Que dans toutes les Eglises des voix nombreuses s'unissent à nos voix, que nos chants de plus en plus deviennent populaires; que la piété anime nos chants, et nos chants produiront les effets les plus précieux; alors noüs aurons la consolation de voir les offices divins plus fréquentés; " alors, " selon les magnifiques expressions de l'illustre Evêque de " Langres, il n'y aura point sur la terre de spectacle plus " digne du regard des Anges, il n'en sera point de plus " agréable aux yeux du Seigneur Dieu tout-puissant, que celui " du chant de nos Eglises composé, non plus de quelques voix " solitaires, mais de toutes les voix de l'assemblée chré- " tienne se réunissant dans les mêmes témoignages de foi, " dans les mêmes acclamations d'amour, dans les mêmes " expressions de prière, comme ils le sont dans l'unité de " croyance, d'espérance et de charité ! "

PSAUMES

DES VÊPRES ET COMPLIES DU DIMANCHE

ET DES FÊTES DE L'ANNÉE.

PSAUME 109.

Dixit Dóminus **Dó**-*mi*-no **me**-o : * Sede (1) a **dex**-tris **me**-is;

2. Donec ponam ⫽ ini-**mí**-cos **tu**-os, * scabéllum ⫽ **pe**-dum *tu*-**ó**-rum.

3. Virgam virtútis tuæ ⫽ emíttet **Dó**-*minus ex* **Si**-ON : * dominâre in médio ⫽ inimi-**có**-rum *tu*-**ó**-rum.

4. Tecum princípium in die virtútis tuæ ⫽ in splen-**dó**-*ribus san*-**ctó**-rum : * ex útero ⫽ ante lucí-*fe*-rum **gé**-*nu*-**i** te (2).

5. Jurávit Dóminus, et non pœni-**té**-bit **e**-um : * Tu es sacérdos in ætérnum ⫽ secúndum **ór**-*di*-nem *Mel*-**chí**-*sedech.

6. Dóminus a **dex**-tris **tu**-is, * confrégit in die iræ **su**-æ ⫽ **re**-ges.

7. Judicábit in natiónibus, im-**plé**-bit *ru*-**í**-nas : * conquassábit cápita in **ter**-ra ⫽ *mul*-**tó**-rum.

8. De torrénte in **ví**-a **bi**-bet, * proptérea ⫽ exal-**tá**-bit **ca**-put.

---

(1) Dans la rencontre de deux mots dont le premier se termine par une voyelle et le second commence aussi par une voyelle, au lieu de confondre ensemble ces deux mots par une liaison, il faut avoir soin de les séparer par un court repos après la dernière note du premier mot.

(2) Voir aux terminaisons difficiles et irrégulières, *p*. 20 et suivantes.

9. † Glória **Pa**-tri, *et* **Fí**-*lio*, * et Spi-**rí**-*tu*-i **san**-cto ;

10. Sicut erat in princí*pio*, et **nunc**, et **sem**-per, * et **in** sæcula sæcu-**ló**-rum. **A**-men.

PSAUME 110.

Confitébor tibi Dómine *"* in toto **cor** - de **me**-o,* in consí*lio* justórum, et congre-**ga**-*ti*-**ó**-ne.

2. Magna **ó**-*pe*-ra **Dó**-*mini* : * exquisíta *"* in omnes volun-**tá**-tes **e**-jus.

3. Conféss*io* et magnificén*tia* *"* **o**-pus **e**-jus : * et justí*tia* ejus *"* manet in **sæ**-*cu*-lum **sæ**-*culi*.

4. Memó*riam* fecit mirabí*lium* suórum, miséricors et mise-**rá**-tor **Dó**-*minus*,**"* escam dedit ti-**mén**-*ti*-**bus** se.

5. Memor erit in sæculum *"* testa-**mén**-ti **su**-i : * virtútem ó*perum* suórum *"* annuntiábit **pó**-*pu*-lo **su**-o.

6. Ut det illis *"* hæredi-**tá**-tem **Gén**-*tium* : * ó*pera* mán*uum* ejus *"* vé*ritas* **et** ju-**dí**-*cium*.

7. Fidé*lia* óm*nia* mandáta ejus : confirmáta in **sæ**-*cu*-lum **sæ**-*culi*, * facta in veritáte *"* et æ-qui-**tá**-te.

8. Redemptiónem misit *"* **pó**-*pu*-lo **su**-o : * man-dávit in ætérnum *"* testa-**mén**-tum **su**-um.

9. †. Sanctum et terrí*bile* **no**-men **e**-jus : * ini-*tium* sapién*tiæ* *"* **ti**-mor **Dó**-*mini*.

10. Intelléctus bonus *"* óm*nibus* faci-**én**-*ti*-bus **e**-um : * laudá*tio* ejus *"* manet in **sæ**-*cu*-lum **sæ**-*culi*.

11. † Glór*ia* **Pa**-tri.

12. Sicut erat.

PSAUME 111.

Beátus vir, qui **ti**-met **Dó**-*minum* : * in man-dátis ejus *"* **vo**-let **ni**-mis.

2. Potens in terra *"* erit **se**-men **e**-jus : * gene-rá-*tio* rectórum be-**ne**-di-**cé**-tur.

3. Glória et divítiæ *"* in **do**-mo **e**-jus : * et justí*ti*a ejus *"* manet in **sæ**-*cu*-lum **sæ**-*cu*li.

4. Exór*tum* est in ténebris *"* **lu**-men **re**-ctis, * miséri*cor*s, et mise-**rá**-tor, *et* **ju**-stus.

5. Jucúndus homo qui miserétur et cómmodat, dispónet sermónes suos **in** ju-**dí**-*cio* : * quia in ætérnum *"* non **com**-mo-**vé**-*bi*tur.

6. In memória ætérna *"* **e**-rit **ju**-stus : * ab auditióne mala *"* **non** ti-**mé**-bit.

7. Parátum cor ejus speráre in Dómino, confirmá*tum* **est** cor **e**-jus : * -non commové*bi*tur *"* donec despí*ci*at ini-**mí**-cos **su**-os.

8. Dispérsit, dedit paupé*ri*bus : justí*ti*a ejus manet in **sæ**-*cu*-lum **sæ**-*cu*li, * cornu ejus *"* exal-**tá**-*bi*-tur *in* **gló**-*ri*a !

9. Peccátor vidébit, et irascétur, dén*ti*bus suis fremet **et** ta-**bé**-scet : * desidé*ri*um pecca-**tó**-rum *pe*-**rí**-bit.

10. † Gló*ri*a **Pa**-tri.

11. Sicut erat.

PSAUME 112.

Laudáte **pú**-*e*-ri *"* **Dó**-*mi*num : * laudáte **no**-men **Dó**-*mi*ni.

2. † Sit nomen Dó*mi*ni **be**-ne-**dí**-ctum, * ex hoc nunc, et **us**-que *in* **sæ**-*cu*lum.

3. A solis ortu *"* usque **ad** oc-**cá**-sum, * laudá*bi*le **no**-men **Dó**-*mi*ni.

4. Excélsus super omnes **Gen**-tes **Dó**-*mi*nus, * et super cœlos *"* **gló**-*ri*-a **e**-jus.

5. Quis sicut Dó*mi*nus Deus noster, qui in **al**-tis **há**-*bi*tat, * et humília ré*spi*cit *"* in cœlo **et** in **ter**-ra?

6. Súsci*t*ans a **ter**-ra **í**-*n*opem, * et de stércore *"* **é**-*ri*-gens **páu**-*pe*rem.

7. Ut cóll*o*cet eum *"* **cum** prin-**cí**-*pi*bus, * cum princí*pi*bus **pó**-*pu*-li **su**-i.

8. Qui habitáre facit *//* **sté**-*rilem in* **do**-mo, *
matrem fili-**ó**-rum *lœ*-**tán**-tem.

9. † Glória **Pa**-tri.

10. Sicut erat.

PSAUME 113.

In éxitu Israel *//* **de** Æ-**gy**-pto, * domus Jacob *//*
de **pó**-*pu*-lo **bár**-*baro*.

2. Fac*ta* est Judæa *//* sanctifi-**cá**-*ti*-o **e**-jus, * Israel
pot-**és**-tas **e**-jus.

3. Mare **vi**-dit, *et* **fu**-git : * Jordánis convér*sus* **est**
ré-**tror**-sum.

4. Montes exultavérunt *//* **ut** a-**ri**-*e*tes,* et colles *//*
sicut **a**-gni **ó**-*vium*.

5. Quid est tibi mare, **quod** fu-**gí**-sti : * et tu Jordánis, quia convér*sus* **es** ré-**tror**-sum?

6. Montes exultástis *//* **sic**-ut *a*-**ri**-*e*tes : * et colles *//*
sicut **a**-gni **ó**-*vium*?

7. A fácie Dómini *//* **mo**-*ta* est **ter**-ra, * a fácie
De-i **Ja**-cob.

8. Qui convértit petram *//* in **sta**-gna *a*-**quá**-rum,*
et rupem *//* in **fon**-tes *a*-**quá**-rum.

9. † Non nobis **Dó**-*mi*ne, *non* **no**-bis : * sed nó-
*mi*ni **tu**-o *//* *da* **gló**-*ri*am.

10. Super misericór*di*a tua, et veri-**tá**-te **tu**-a : *
néquando dicant Gentes : Ubi est **De**-us e-**ó**-rum?

11. Deus autem **no**-ster *in* **cœ**-lo : * ómn*i*a quæ-
cúmque **vó**-*lu*-it, **fe**-cit.

12. Simulácra Gén*ti*um *//* ar-**gén**-tum *et* **au**-rum,*
ópera **má**-*nu*-um **hó**-*mi*num.

13. Os habent, et **non** lo-**quén**-tur : * óculos habent, et **non** vi-**dé**-bunt.

14. Aures habent, **et** non **áu**-*di*ent : * nares habent, et non **o**-do-**rá**-bunt.

15. Manus habent, et non palpábunt : pedes ha-

bent, et non **am**-bu-**lá**-bunt : * non clamábunt // in **gút**-*tu*-re **su**-o.

16. Símiles illis fiant // qui **fá**-*ci*-unt **e**-a : * et omnes // qui con-**fí**-dunt *in* **e**-is.

17. Domus Israel spe-**rá**-vit *in* **Dó**-*mi*-no : * adjútor eórum // et pro-**té**-ctor *e*-**ó**-*rum* est.

18. Domus Aaron spe-**rá**-vit *in* **Dó**-*mino* : * adjútor eórum // et pro-**té**-ctor *e*-**ó**-*rum* est.

19. Qui timent Dóminum // spera-**vé**-runt *in* **Dó**-*mino* : * adjútor eórum // et pro-**té**-ctor *e*-**ó**-*rum* est.

20. Dóminus memor **fu**-it **no**-stri : * et bene-**dí**-xit **no**-bis.

21. Benedíxit **dó**-*mu*-i **Is**-*ra*-EL * : benedíxit **dó**-*mu*-i **A**-*aron*.

22. Benedíxit ómn*i*bus // qui **ti**-ment **Dó**-*mi*num,* pusíllis **cum** ma-**jó**-*ri*bus.

23. Adjíciat **Dó**-*minus* **su**-*per* VOS : * super vos, et super **fi**-*li*-os **ve**-stros.

24. Benedícti **vos** a **Dó**-*mino* : * qui fecit **cœ**-lum //* *et* **ter**-ram.

. 25. Cœlum **cœ**-li **Dó**-*mino* : * terram autem dedit // **fi**-*li*-is **hó**-*mi*num.

26. Non mórt*ui* lau-**dá**-*bunt* te, **Dó**-*mine* : * neque omnes, qui descéndunt **in** in-**fér**-num.

27. Sed nos qui vív*i*mus // bene-**dí**-*ci*-mus **Dó**-*mi*-no, * ex hoc nunc, et **u**-sque *in* **sæ**-*cu*lum.

28. † Glória **Pa**-tri.

29. Sicut erat.

PSAUME 114.

Diléxi, quón*i*am ex-**áu**-*di*-et **Dó**-*mi*nus * vocem orati-**ó**-nis **me**-æ.

2. Quia inclinávit // aurem **su**-am **mi**-hi : * et in diébus meis // **in**-vo-**cá**-bo.

3. Circumdedérunt me " do-**ló**-res **mor**-tis : * et perícula inférni " **in-ve-né**-runt me.

4. Tribulatiónem et do-**ló**-rem in-**vé**-ni : * et nomen Dómini **in**-vo-**cá**-vi.

5. O Dómine " líbera **á**-ni-mam **me**-am : * miséricors Dóminus, et justus, et Deus noster **mi**-se-**ré**-tur.

6. Custódiens **pár**-vu-los **Dó**-minus : * humiliátus sum, et **li**-be-**rá**-vit me.

7. Convértere ánima mea " in **ré**-qui-em **tu**-am : * quia Dóminus " bene-**fé**-cit **ti**-bi.

8. Quia erípuit ánimam **me**-am " de **mor**-te : * óculos meos a lácrymis, pedes **me**-os a **la**-psu.

9. Pla-**cé**-bo **Dó**-mino, * in regi-**ó**-ne vi-**vó**-rum.

10. † Glória **Pa**-tri.

11. Sicut erat.

PSAUME **115**.

Crédidi, propter **quod** lo-**cú**-tus SUM : * ego autem " humili-**á**-tus sum **ni**-mis.

2. Ego dixi in ex-**cés**-su **me**-o : * Omnis **ho**-mo **men**-dax.

3. Quid re-**trí**-bu-am **Dó**-mino, * pro ómnibùs quæ re-**trí**-bu-it **mi**-hi.

4. Cálicem salu-**tá**-ris ac-**cí**-piam : * et nomen Dómini **in**-vo-**cá**-bo.

5. Vota mea Dómino reddam " coram omni **pó**-pu-lo **e**-jus : * pretiósa in conspéctu Dómini " mors san-**ctó**-rum **e**-jus.

6. O Dómine, quia ego **ser**-vus **tu**-us : * ego servus tuus, et fílius an-**cíl**-læ **tu**-æ.

7. Dirupísti **vín**-cu-la **me**-a : * tibi sacrificábo hóstiam laudis, et nomen Dómini **in**-vo-**cá**-bo.

8. Vota mea Dómino reddam " in conspéctu omnis **pó**-pu-li **e**-jus : * in átriis domus Dómini, in médio **tu**-i Je-**rú**-salem.

9. † Glória **Pa**-tri.
10. Sicut erat.

PSAUME 116.

Laudáte Dóminum *"* **o**-mnes **gen**-tes : * laudáte eum *"* **o**-mnes **pó**-*pu*li.

2. Quóniam confirmá*ta* est super nos *"* miseri-**cór**-*di*-a **e**-jus : * et vé*ri*tas Dó*mi*ni *"* manet **in** æ-**tér**-num.

3. † Gló*ria* **Pa**-tri.
4. Sicut erat.

PSAUME 119.

Ad Dó*mi*num *"* cum tribu-**lá**-rer *cla*-**má**-vi : * et **ex**-au-**dí**-*vit* me.

2. Dó*mi*ne lí*be*ra á*ni*mam meam *"* a **lá**-*bi*is *i*-**ní**-quis, * et a **lin**-gua *do*-**ló**-sa.

3. Quid detur tibi, aut quid appo-**ná**-tur **ti**-bi * ad **lin**-guam *do*-**ló**-sam?

4. Sagíttæ pot-**én**-tis *a*-**cú**-tæ, * cum carbó*ni*bus de-**so**-la-**tó**-*ri*is.

5. Heu mihi, quia íncolátus meus prolongá*tus* est : habitávi cum habi-**tán**-*ti*bus **Ce**-DAR : * multum íncola fuit *"* **á**-*ni*-ma **me**-a.

6. Cum his qui odérunt pacem, **e**-ram *pa*-**cí**-*fi*-cus : * cum loquébar illis, impug-**ná**-*bant* me **gra**-tis.

7. † Gló*ria* **Pa**-tri.
8. Sicut erat.

PSAUME 120.

Levávi óc*ulos* **me**-os *in* **mon**-tes, * unde vé*niet* au-**xí**-*li*-um **mi**-hi.

2. Auxí*lium* **me**-um *a'***Dó**-*mino*, * qui fecit **cœ**-lum *et* **ter**-ram.

3. Non det in commotiónem " **pe**-dem **tu**-um : *
neque dormítet " **qui** cus-**tó**-*dit* te.

4. Ecce non dormitábit, **ne**-que **dór**-*miet*, * qui
cus-**tó**-dit **Is**-*rael*.

5. Dóminus custó*dit* te , Dóminus pro-**té**-*cti*-o
tu-a * super manum **déx**-*te*-ram **tu**-am.

6. Per diem **sol** non **u**-*ret* TE, * neque **lu**-na
per **no**-ctem.

7. Dóminus custó*dit* te " ab **o**-mni **ma**-lo : * cu-
·*tó*diat ánimam **tu**-am **Dó**-*minus*.

8. Dóminus custódiat intróitum tuum, et **éx**-*i*-tum
tu-um ; * ex hoc nunc, et **u**-sque *in* **sæ**-*cu*lum.

9. ✝ Glória **Pa**-tri.

10. Sicut erat.

PSAUME 121.

Lætá*tus* sum in his, quæ **di**-*cta* sunt **mi**-hi : * in
domum **Dó**-*mi*-ni **í**-*bi*mus.

2. Stantes erant **pe**-des **no**-stri, * in *átriis* **tu**-is
Je-**rú**-*salem*.

3. Jerú*salem*, quæ ædifi-**cá**-tur *ut* **cí**-*vitas* : * cujus participá*tio* ejus " **in** id-**í**-psum.

4. Illuc enim ascendérunt tribus, **tri**-bus **Dó**-
mini, * testimónium Israel " ad confiténdum **nó**-
mi-ni **Dó**-*mini*.

5. Quia illic sedérunt " sedes **in** ju-**dí**-*cio*, * sedes
super **do**-mum **Da**-vid.

6. Rogáte quæ ad pacem **sunt** " Je-**rú**-*sa*-LEM : *
et abundán*tia* dili-**gén**-*ti*-**bus** te (1).

7. Fiat pax in vir-**tú**-te **tu**-a : * et abundántia "
in **túr**-*ri*-bus **tu**-is.

---

(1) Voir aux terminaisons difficiles et irrégulières, *p*. 20 et suivantes.

8. Propter fratres meos, et **pró**-*xi*-mos **me**-os, *
loquébar **pa**-cem **de** te :

9. Propter domum Dómini **De**-i **no**-stri, * quæsívi
bo-na **ti**-bi

10. † Glória **Pa**-tri.

11. Sicut erat.

PSAUME 125.

In converténdo Dóminus // captivi-**tá**-tem **Si**-ON :*
facti sumus // sicut **con**-so-**lá**-ti.

2. Tunc replé*tum* est **gáu**-*dio* // *os* **no**-strum : *et
lingua nostra // exul-**ta**-ti-**ó**-ne.

3. Tunc dicent **in**-ter **Gen**-tes : * Magnificávit
Dóminus //· **fá**-*ce*-re *cum* **e**-is.

4. Magnificávit Dóminus // **fá**-cere *no*-**bís**-cum : *
facti **su**-mus *læ*-**tán**-tes.

5. Convérte Dómine // captivi-**tá**-tem **no**-stram, *
sicut **tor**-rens *in* **Aus**-tro.

6. Qui **sé**-*minant in* **lá**-*cry*mis, * in exultati-**ó**-ne
me-tent.

7. Eúntes **i**-bant *et* **fle**-bant, * mitténtes **sé**-*mi*-na
'**su**-a.

8. Veniéntes autem // vé*ni*ent cum exul-**ta**-ti-**ó**-ne,*
portántes ma-**ní**-*pu*-los **su**-os.

9. † Glória **Pa**-tri.

10. Sicut erat.

PSAUME 126.

Nisi Dóminus ædifi-**cá**-*ve*-rit **do**-mum, * in vanum
laboravérunt // quí æ-**dí**-*fi*-cant **e**-am.

2. Nisi Dóminus // custodíerit **ci**-vi-**tá**-tem, * fru-
stra víg*i*lat // qui cu-**stó**-dit **e**-am.

3. Vanum est vobis // ante **lu**-cem **súr**-*ge*re : *
súrg*i*te postquam sed*é*r*i*tis, qui manducátis **pa**-nem
do-**ló**-ris.

4. Cum d*éd*erit diléctis **su**-is **som**-num : * ecce hærédi*tas* Dómini, fí*l*ii ; merces **fru**-ctus **ven**-tris.

5. Sicut sagíttæ *"* in **ma**-nu *pot-én*-tis : * ita fí*l*ii **ex-cus-só-**rum.

6. Beátus vir, qui implévit desid*é*rium **su**-um *ex* **i**-psis : * non confundétur *"* cum loquétur inimícis **su**-is *in* **por**-ta.

7. † Glória **Pa**-tri.

8. Sicut erat.

PSAUME 127.

Beáti omnes *"* qui **ti**-ment **Dó**-*m*inum, * qui ám-*bulant* *"* in **vi**-is **e**-jus.

2. Labóres mán*u*um tuárum *"* quia **man-du-cá**-bis : * beátus es, et bene **ti**-bi **e**-rit.

3. Uxor tua *"* sicut **vi**-tis *ab*-**ún**-dans, * in laté-*ribus* **do**-mus **tu**-æ.

4. Fí*l*ii tui *"* sicut novéllæ **o**-li-**vá**-rum, * in cir-cú*i*tu **men**-sæ **tu**-æ.

5. Ecce sic benedi-**cé**-tur **ho**-mo, * qui **ti**-m*é*t **Dó**-*m*inum.

6. Benedícat tibi **Dó**-*m*inus *"* *ex* **Si**-ON : * et ví*d*eas bona Jerú*s*alem *"* ómnibus diébus **vi**-tæ **tu**-æ.

7. Et ví*d*eas fí*l*ios *"* fili-**ó**-rum *tu*-**ó**-rum, * pacem **su**-per **Is**-*r*ael.

8. † Glória **Pa**-tri.

9. Sicut erat.

PSAUME 129.

De profúndis clamávi **ad** te *"* **Dó**-*m*ine : * Dómi-ne *"* exáudi **vo**-cem **me**-am.

2. Fiant aures tuæ *"* **in-ten-dén**-tes * in vocem deprecati-**ó**-nis **me**-æ.

3. Si iniquitátes obser-**vá**-*ve*-ris *"* **Dó**-*m*ine : * Dó*m*ine quis **sus-ti-né**bit ?

4. Quia apud te *"* propiti-**á**-*ti*-**o** EST (1) : * et propter legem tuam *"* su-**stí**-*nu*-i *te* **Dó**-*mine*.

5. Sustí*nu*it á*nim*a mea *"* in **ver**-bo e-jus : * sperávit á*nim*a **me**-a *"* *in* **Dó**-*mino*.

6. A custó*dia* matutína **u**-sque *ad* **no**-ctem , *
speret Is*ra*-**el** in **Dó**-*mino*.

7. Quia apud Dó*minum* *"* mi-**se**-ri-**cór**-*dia*, * et
copiósa apud e-um *"* red-**émp**-*tio*.

8. Et ipse **ré**-*dimet* **Is**-*ra*-EL, * ex ó*mn*ibus iniqui-
tá-*ti*-bus e-jus.

9. † Gló*ria* **Pa**-tri.   -

10. Sicut erat.

PSAUME 131.

Meménto **Dó**-*mine* *"* **Da**-VID, * et omnis man-
sue-**tú**-*di*-nis e-jus :

2. Sicut ju-**rá**-vit **Dó**-*mino*, * votum vovit **De**-o
Ja-cob :

3. Si introíero in tabernáculum*"* **do**-mus **me**-æ, *
si ascé*ndero* in lectum *"* **stra**-ti **me**-i :

4. Si dé*dero* somnum *"* **ó**-*cu*-lis **me**-is, * et pál-
pebris meis *"* dormi-**ta**-ti-**ó**-nem.

5. Et ré*quiem* tempó*ribus* meis, donec invé*niam*
lo-cum **Dó**-*mino*, * tabernáculum **De**-o **Ja**-cob.

6. Ecce audívimus eam **in** Eph-**rá**-ta : * invé*ni*-
mus eam *"* in **cam**-pis **sil**-væ.

7. Introí*bimus* in taber-**ná**-*cu*-lum e-jus : * ado-
rá*bimus* in loco, ubi stetérunt **pe**-des e-jus.

8. Surge Dó*mine* *"* in **ré**-*qui*-em **tu**-am , * tu et
arca *"* sanctificati-**ó**-nis **tu**-æ.

9. Sacerdótes tui *"* indu-**án**-tur *ju*-**stí**-*tiam* : * et
sancti **tu**-i *ex*-**úl**-tent.

---

10. Propter David *//* **ser**-vum **tu-um,** * non avér-
tas fáciem *//* **Chri**-sti **tu-i.**

11. Jurávit Dóminus David veritátem, et non fru-
strá-*bi*-tur **e-am :** * De fructu ventris tui *//* ponam
super **se**-dem **tu-am.**

12. Si custodíerint fíl*ii* tui *//* testa - **mén** - tum
me-um,* et testimónia mea hæc, quæ do-**cé**-bo **e**-os:

13. Et fíl*ii* eórum *//* **u**-sque *in* **sæ**-*cu*lum, * sedé-
bunt super **se**-dem **tu-am.**

14. Quóniam elégit **Dó**-*minus* **Si**-ON : * elégit
eam *//* in habitati-**ó**-nem **si**-bi.

15. Hæc ré*quies* mea *//* in **sæ**-*cu*-lum **sæ**-*cu*li :*
hic habitábo, quóniam e-**lé**-gi **e**-am.

16. Víd*uam* ejus *//* benedícens **be**-ne-**dí**-cam : *
páu*peres* ejus *//* satu-**rá**-bo **pá**-*ni*bus :

17. Sacerdótes ejus *//* índuam **sa**-lu-**tá**-ri : * et
sancti ejus *//* exultatióne **ex**-ul-**tá**-bunt.

18. Illuc prodúcam **cor**-nu **Da**-VID, * parávi
lucérnam *//* **Chri**-sto **me**-o.

19. Inimícos ejus índ*uam* con-**fu**-si-**ó**-**ne** : * super ipsum autem efflorébit *//* sanctifi-**cá**-*ti*-o **me**-a.

20. † Gló*ria* **Pa**-tri.

21. Sicut erat.

PSAUME 137.

Confitébor tibi Dó*mi*ne *//* in toto **cor**-de **me**-o :*
quó*niam* aüdísti *//* verba **o**-ris **me**-i.

2. In conspéctu Angelórum *//* **psal**-lam **ti**-bi : *
adorábo ad templum sanctum tuum, et confitébor
nó-*mi*-ni **tu**-o.

3. Super misericór*dia* tua, et veri-**tá**-te **tu**-a : *
quó*niam* magnificásti super omne, nomen **san**-
ctum **tu-um.**

4. In quacúmque die invocávero **te,** ex-**áu**-*di* ME,*
multiplicábis in án*ima* **me**-a *//* *vir*-**tú**-tem.

5. Confiteántur tibi Dómine *"* omnes **re-ges ter-**ræ : * quia audiérunt *"* ómnia verba **o-**ris **tu-**i :

6. Et cantent in **vi-**is **Dó-**mini : * quóniam ma-gna est *"* **gló-**ri-a **Dó-**mini.

7. Quóniam excélsus Dóminus, et hu-**mí-**li-a **ré-**spicit : * et alta *"* a **lon-**ge co-**gnó-**scit.

8. Si ambulávero in médio tribulatiónis, vi-**vi-**fi-**cá-**bis ME : * et super iram inimicórum meórum *"* extendísti manum tuam, et salvum me fecit *"* **déx-**te-ra **tu-**a.

9. Dóminus re-**trí-**buet **pro** ME: * Dómine misericórdia tua in sæculum : ópera mánuum tuárum *"* **ne** de-**spí-**cias.

10. † Glória **Pa-**tri.

11. Sicut erat.

PSAUME 138.

Dómine probásti me, et **co-**gno-**ví-**sti ME : * tu cognovísti sessiónem meam, et resurrecti-ó-nem **me-**am.

2. Intellexísti cogitatiónes **me-**as *"* de **lon-**ge :* sémitam meam, et funiculum meum in-**ve-**sti-**gá-**sti.

3. Et omnes vias meas *"* **præ-**vi-**dí-**sti : * quia non est sermo *"* in **lin-**gua **me-**a.

4. Ecce Dómine tu cognovísti ómnia, novíssima **et** an-**tí-**qua : * tu formásti me, et posuísti super me *"* **ma-**num **tu-**am.

5. Mirábilis facta est *"* sciéntia **tu-**a **ex** ME : * confortáta est, et non **pót-**e-ro ad **e-**am.

6. Quo ibo a **spí-**ritu **tu-**o? * et quo a fácie **tu-**a **fú-**giam?

7. Si ascéndero in cœlum, **tu** il-**lic** ES : * si descéndero in in-**fér-**num, **ad-**es.

8. Si súmp*s*ero pennas **me**-as *"* *di*-**lú**-*culo*, * et ha-
bit*ávero* *"* in ex-**tré**-mis **ma**-ris :

9. Etenim illuc manus **tu**-a *"* *de*-**dú**-*cet* ME : * et
ten*ébit* me *"* **déx**-*te*-ra **tu**-a.

10. Et dixi : Fór*s*itan té*n*ebræ **con**-cul-**cá**-*bunt*
ME, * et nox illumin*átio* mea in de-**lí**-*ci*-is **me**-is.

11. Quia té*n*ebræ non obscurabúntur a te, et nox
sicut dies il-**lu**-mi-**ná**-*bitur* : * sicut té*n*ebræ ejus,
ita et **lu**-men **e**-jus.

12. Quia tu possedísti *"* **re**-nes **me**-os : * susce-
pís*ti* me *"* de ú*tero* **ma**-tris **me**-æ.

13. Confitébor tibi *"* quia terribí*liter* **ma**-**gni**-fi-
cá-*tus* ES : * mirabí*lia* ópera tua, et á*n*ima mea co-
gnó-scit **ni**-mis.

14. Non est occultátum os meum a te, quod fe-
císti **in** oc-**cúl**-to : * et substán*tia* mea *"* in inferi-
ó-*ri*-bus **ter**-ræ.

15. Imperféctum meum vidérunt *ó*c*u*li tui, et in
libro tuo **o**-mnes *scri*-**bén**-tur : * dies formabúntur,
et **ne**-mo *in* **e**-is.

16. Mihi autem *"* nimis honorificá*ti* sunt amíci
tu-i, **De**-us : * nimis confortá*tus* est *"* princi-**pá**-tus
e-**ó**-rum.

17. Dinumerábo eos, et super arénam multi-**pli**-
ca-**bún**-tur : * exurréxi, et ad-**huc** sum **te**-cum.

18. Si occí*d*eris Deus *"* **pec**-ca-**tó**--res : * viri sán-
*guin*um *"* decli-**ná**-te **a** me.

19. Quia dí*ci*tis in cogi-**ta**-ti-**ó**-ne : * Accí*p*ient in
vanitáte *"* civi-**tá**-tes **tu**-as.

20. Nonne qui odé*runt* te **Dó**-*mi*-ne, **ó**-*deram* : *
et super inimícos tuos *"* **ta**-bes-**cé**-bam?

21. Perfécto *"* ó*dio* **ó**-*de*-ram **il**-los ; * et inimíci
fa-*cti* sunt **mi**-hi.

22. Pro*ba* me Deus, et **sci**-to *cor* **me**-um : * intér-
*ro*ga me, et cognósce **sé**-*mi*-tas **me**-as.

23. Et vide, si via iniqui-**tá**-tis *in* **me** EST : * et de*duc* me *"* in **vi**-a *œ*-**tér**-na.

24. † Gló*ria* **Pa**-tri.

25. Sicut erat.

PSAUME 147.

Lauda Je-**rú**-*sa*-lem *"* **Dó**-*mi*num : * lauda Deum **tu**-um *"* **Si**-on.

2. Quó*ni*am confortávit *"* seras por-**tá**-rum *tu-á*-rum : * benedíxit fí*lü*is **tu**-is **in** te.

3. Qui pó*su*it fines **tu**-es *"* **pa**-cem : * et ádipe fru ménti *"* **sá**-*ti*-**at** te (1).

4. Qui emíttit eló*qui*um **su**-um **ter**-ræ, * velóciter currit **ser**-mo **e**-jus.

5. Qui dat nivem **sic**-ut **la**-nam : * né*bu*l̦am sic-ut **cí**-*ne*-rem **spar**-git.

6. Mittit crystállum suam *"* **sic**-ut *buc*-**cél**-las : * ante fá*ci*em frí*g*oris ejus *"* quis **su**-sti-**né**-bit?

7. Emíttet verbum suum, et lique-**fá**-*ci*-et **e**-a : * flabit spí*ri*tus ejus, et **flu**-ent **a**-quæ.

8. Qui annún*ti*at verbum **su**-um *"* **Ja**-COB : * justí*ti*as et judí*ci*a **su**-a *"* **Is**-*ra*el.

9. Non fecit tá*li*ter omni **na**-ti-**ó**-ni : * et judí*ci*a sua *"* non manifes-**tá**-vit **e**-is.

10. † Gló*ria* **Pa**-tri.

11. Sicut erat.

PSAUME 50.

Miserére **me**-i **De**-us, * secúndum magnam *"* mi-seri-**cór**-*di*-am **tu**-am.

2. Et secúndum multitú*di*nem *"* miserati-**ó**-num *tu*-**á**-rum, * dele iniqui-**tá**-tem **me**-am.

---

(1) Voir aux terminaisons difficiles et irrégulières, *p.* 20 et suivantes.

3. Amp*lius* la*va* me *″* ab iniqui-**tá**-te **me**-a : * et a peccáto **me**-o *″* **mun**-*da* me.

4. Quó*ni*am iniquitátem meam *″* **e**-go *co*-**gnó**-sco : * et peccátum meum *″* contra **me** est **sem**-per.

5. Tibi soli peccávi, et malum **co**-*ram* te **fe**-ci : * ut justificéris in sermó*ni*bus tuis, et vincas cum **ju**-di-**cá**-ris.

6. Ecce enim in iniqui-**tá**-*ti*bus *″* *con*-**cé**-*ptus* SUM : * et in peccátis concé*pit* me *″* **ma**-ter **me**-a.

7. Ecce enim veritátem **di**-le-**xí**-sti ; * incérta et occúlta sapién*tiæ* tuæ *″* manife-**stá**-sti **mi**-hi.

8. Aspér*ges* me hyssópo, **et** mun-**dá**-bor : * lavá-*bis* me, et super nivem **de**-al-**bá**-bor.

9. Audí*tu*i meo dabis gáu*di*um *″* **et** læ-**tí**-*ti*am : * et exultábunt *″* ossa hu-**mi**-li-**á**-ta.

10. Avérte fá*ci*em tuam a pec-**cá**-tis **me**-is : * et omnes iniquitátes **me**-as **de**-le.

11. Cor mundum *″* crea **in** me **De**-us,* et spíri-tum rectum ín*no*va *″* in vis-**cé**-*ri*-bus **me**-is.

12. Ne projí*ci*as me *″* a **fá**-*ci*-e **tu**-a : ✠ et spíri-tum sanctum tuum *″* ne **áu**-*fe*-ras **a** me.

13. Redde mihi læti*ti*am *″* salu-**tá**-ris **tu**-i : * et spí*ri*tu princi-**pá**-li *″* *con*-**fír**-*ma* me.

14. Docébo iníquos **vi**-as **tu**-as : * et ím*pii″* ad te **con**-ver-**tén**-tur.

15. Lí*be*ra me de sanguí*ni*bus Deus, Deus sa-**lú**-tis **me**-æ : * et exultábit lingua mea *″* ju-**stí**-*ti*-am **tu**-am.

16. Dó*mi*ne *″* lá*bi*a **me**-a *a*-**pé**-*ri*es : * et os meum annuntiábit *″* **lau**-dem **tu**-am.

17. Quó*ni*am si voluísses sacrifí*ci*um, de-**dís**-sem **ú**-*ti*que : * holocáustis *″* non **de**-le-**ctá**-*be*ris.

18. Sacrifí*ci*um Deo, spí*ri*tus con-**tri**-bu-**lá**-tus : * cor contrítum et humiliátum *″* Deus **non** de-**spí**-*cies*.

19. Benígne fac Dómine // in bona voluntáte **tu**-a **Si**-ON : * ut ædificéntur // **mu**-ri *Je*-**rú**-*sa*lem.

20. Tunc acceptábis sacrifícium justítiæ, oblatiónes, et **ho**-lo-**cáu**-sta : * tunc impónent // super altáre **tu**-um **ví**-*tu*los.

21. † Glória **Pa**-tri.

22. Sicut erat.

A COMPLIES.

PSAUME 4.

Cum invocárem // exaudívit me Deus ju-**sti**-*ti*-æ **me**-æ : * in tribulatióne // dila-**tá**-sti **mi**-hi.

2. Mise-**ré**-re **me**-i, * et exáudi orati-**ó**-nem **me**-am.

3. Fílii hóminum // úsquequo **gra**-vi **cor**-de?* ut quid dilígitis vanitátem, et **quæ**-*ri*-tis *men*-**dá**-*ci*um?

4. Et scitóte quóniam mirificávit Dóminus // **san**ctum **su**-um : * Dóminus exáudiet me, cum cla-**má**-*ve*-ro *ad* **e**-um.

5. Irascímini, et no-**lí**-te *pec*-**cá**-re : * quæ dícitis in córdibus vestris, in cubílibus vestris **com**-pun-**gí**-*mi*ni.

6. Sacrificáte sacrifícium justítiæ, et spe-**rá**-te *in* **Dó**-*mino*. * Multi dicunt : Quis osténdit **no**-bis **bo**-na?

7. Signá*tum* est super nos // lumen vultus **tu**-i **Dó**-*mine* : * dedísti lætítiam // in **cor**-de **me**-o.

8. A fructu fruménti, vini, et **ó**-*le*-i **su**-i * mul-**ti**-pli-**cá**-*ti* sunt.

9. In pace **in** id-**í**-psum * dórmiam, et **re**-qui-**é**-scam;

10. Quóniam tu, Dómine, singu-**lá**-*ri*ter **in** SPE * **con**-**sti**-tu-**í**-*sti* me.

11. † Gloria **Pa**-tri.

12. Sicut erat.

PSAUME 30.

In te Dómine sperávi, non confúndar **in æ-tér**-num : * in justít*i*a tua *"* **lí**-*be*-**ra** me (1).

2. Inclína ad me **au**-rem **tu**-am, * accé*l*era ut é-*ru*-**as** me (2).

3. Esto mihi in Deum protectórem, et in **do**-mum *re*-**fú**-*g*i*i*, * ut **sal**-*vum* me **fá**-*c*ias.

4. Quó*n*iam fortitúdo mea, et refú*g*ium **me**-um **es** TU : * et propter nomen tuum dedú*ces* me, et e-**nú**-*tri*-**es** me.

5. Edú*ces* me de lá*queo* hoc, quem abscon-**dé**-runt **mi**-hi : * quó*n*iam tu es pro-**té**-ctor **me**-us.

6. In manus tuas *"* comméndo **spí**-*ri*-tum **me**-um : * redemí*sti* me Dó*m*ine *"* Deus **ve**-**ri**-**tá**-tis.

7. † Glória **Pa**-tri.

8. Sicut erat.

PSAUME 90.

Qui há*b*itat in adju-**to**-*rio Al*-**tís**-*s*imi, * in prote-ctióne Dei cœli *"* **com**-mo-**rá**-*b*itur.

2. Dicet Dó*m*ino : Suscéptor meus es tu , et re-**fú**-*g*i-um **me**-um : * Deus meus, spe-**rá**-bo *in* e-um.

3. Quó*n*iam ipse liberá*vit* me de **lá**-*queo ve*-**nán**-*t*ium, * et a **ver**-bo **ás**-*pero*.

4. Scá*p*ulis suis obum-**brá**-bit **ti**-bi : * et sub pennis **e**-jus *spe*-**rá**-bis.

5. Scuto circú*m*dabit te *"* **vé**-*ri*-tas **e**-jus : * non timébis a ti-**mó**-re *no*-**ctúr**-no.

---

(1) Voir aux terminaisons difficiles et irrégulières, *p.* 20 et suivantes.

(2) *Idem.*

6. A sagítta volánte in die, a negótio perambu-lán-te *in* **té**-*ne*bris, * ab incúrsu, et dæmónio me-**ri**-*d*i-**á**-no.

7. Cadent a lá*te*re tuo mille, et decem míl*li*a a **dex**-tris **tu**-is : * ad te autem non ap-**pro**-pin-**quá**-bit.

8. Verúm*tamen* ó*cu*lis tuis con-**si**-de-**rá**-bis : * et retributiónem pecca-**tó**-rum *vi*-**dé**-bis.

9. Quó*niam* tu es **Dó**-*mine* // *spes* **me**-a : * altís-*si*mum posuísti // re-**fú**-*gi*-um **tu**-um.

10. Non accédet **ad** te **ma**-lum : * et flagéllum non appropinquábit taber-**ná**-*cu*-lo **tu**-o.

11. Quó*niam* An*ge*lis suis // man-**dá**-vit **de** TE : * ut custó*di*ant te // in ó*mn*ibus **vi**-is **tu**-is.

12. In má-*ni*bus **por**-tá-**bunt** TE : * ne forte of-féndas ad lá*pi*dem // **pe**-dem **tu**-um.

13. Super ás*pi*dem et basilíscum **am**·bu-**lá**-bis : * et conculcábis leónem // **et** dra-**có**-nem.

14. Quó*niam* in me sperávit, libe-**rá**-bo e-um : * pró*te*gam eum, quó*niam* cognóvit **no**-men **me**-um.

15. Clamábit ad me, et ego ex-**áu**-*di*-am e-um : * cum ipso sum in tribulatióne : erí*pi*am eum, et glo-rifi-**cá**-bo **e**-um.

16. Longitú*di*ne diérum // re-**plé**-bo e·um : * et osténdam illi // salu-**tá**-re **me**-um.

17. † Glória **Pa**·tri.

18. Sicut erat.

PSAUME 133.

Ecce nunc bene-**di**-*ci*-te **Dó**-*mi*num , * omnes **ser**-vi **Dó**-*mi*ni.

2. Qui statis in **do**-mo **Dó**-*mi*ni, * in á*trï*is do-mus **De**-i **no**-stri.

3. In nóc*ti*bus extól*li*te m̦anus **ve**-stras // *in* **san**-cta, * et bene-**di**-*ci*-te **Dó**-*mi*num.

4. Benedícat te **Dó**-*minus* *ex* **Si**-ON, * qui fecit **cœ**-lum *et.* **ter**-ram.

5. † Glória **Pa**-tri.

6. Sicut erat.

CANTIQUE DE S. SIMÉON.

Nunc dimíttis servum **tu**-um ″ **Dó**-*mi*-ne, * se-cúndum verbum **tu**-um ″ *in* **pa**-ce :

2. Quia vidérunt **ó**-*cu*-li **me**-i * salu-**tá**-re **tu**-um.

3. **Quod** pa-**rá**-sti* ante fáciem ómnium **po**-pu-**ló**-rum;

4. Lumen ad revela-ti-**ó**-nem **Gén**-*ti*um, * et gló-riam plebis **tu**-æ ″ **Is**-*rael*.

5. † Glória **Pa**-tri.

6. Sicut erat.

LE DIMANCHE A VÊPRES.

Pater noster. — Ave Maria.

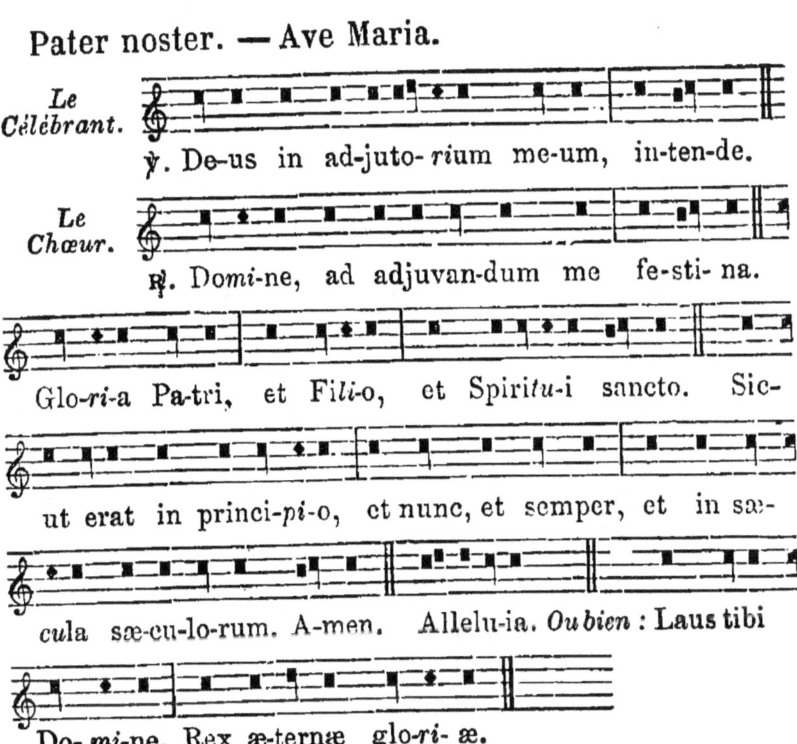

PSAUME 109.

2. Donec ponam, *etc.*, p. 39.

ANTIENNE.

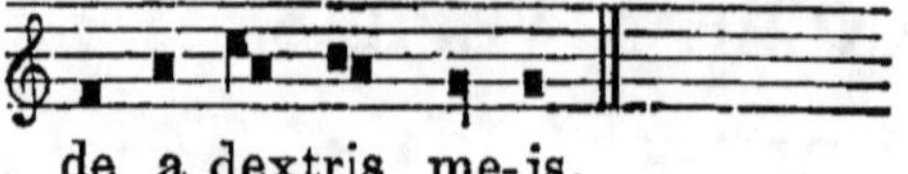

PSAUME 110.

2. Magna ó-pe-ra, *etc.*, p. 40.

ANT.

PSAUME 111.

2. Potens in terra, *etc.*, p. 40.

PSAUME 112.

2. † Sit nomen, *etc.*, p. 41.

PSAUME 113.

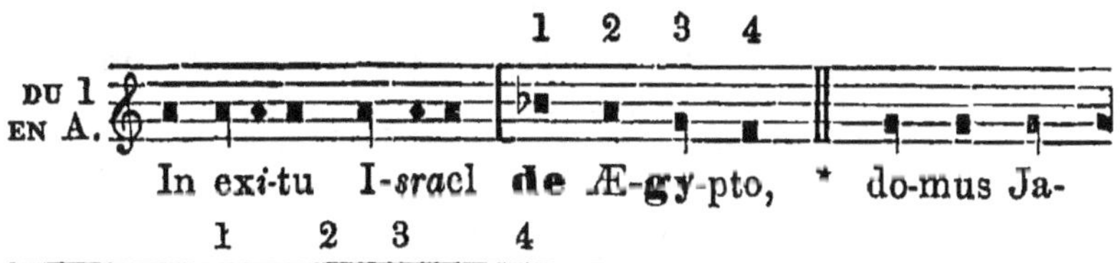

2. Facta est, *etc.*, p. 42.

Au Temps pascal, on dit :

Capit. Benedíctus Deus, *etc.* ℟. Deo grátias, *p.* 32.

HYMNE.

DU 1.
1. LU-CIS Cre- a-tor o-ptime, Lu- cem di-e- rum pro
fe-rens, Primordi-is lu- cis novæ, Mun-di parans o- ri-
ginem. 2. QUI mane junctum ve-spe-ri Di- em vo- ca-
ri præ-ci-pis : Il-la-bitur tetrum cha-os, Au- di preces cum fle-tibus. 3. NE mens grava-ta cri- mi-ne,
Vi-tæ sit ex-ul mu-ne-re, Dum nil peren-ne co-gitat;
Se-se-que cul- pis il-li-gat. 4. CŒ-LE-STE pulset o-sti-
em : Vita-le tol- lat præ-mi-um : Vi-te-mus omne no-
xi-um : Pur-ge-mus o- mne pes-simum. 5. PRÆ-STA
Pater pi-is-si-me, Pa-tri-que compar U- ni-ce, Cum

℣. Dirigátur, Dómine, orátio mea.

A Magníficat, *Antienne propre.*

CANTIQUE DE LA B. V. MARIE.

Ma-gní-fi-cat * ánima **me-**a **Dó-**minum.

2. Et exultávit *"* **spí-**ri-tus **me-**us * in Deo salu-**tá-**ri **me-**o.

3. Quia respéxit humilitátem *"* an-**cíl-**læ **su-æ :** * ecce enim ex hoc beátam me dicent *"* omnes gene-**ra-**ti-ó-nes.

4. Quia fecit mihi magna *"* **qui** pot-**ens EST,** * et sanctum **no-**men **e-**jus.

5. Et misericórdia ejus, a progénie **in** pro-**gé-**nies * ti **mén-**ti-bus **e-**um.

6. Fecit poténtiam in **brá-**chi-o **su-o :** * dispér-sit supérbos *"* mente **cor-**dis **su-**i.

7. Depósuit pot-**én-**tes *"* de **se-**de, * et exal-**tá-**vit **hú-**miles.

8. Esuriéntes im-**plé-**vit **bo-**nis : * et dívites *"* di-**mí-**sit i-**ná-**nes.

9. Suscépit Israel **pú-**e-rum **su-**um, * recordá-tus *"* miseri-**cór-**di-æ **su-æ.**

10. Sicut locútus est " ad **Pa**-tres **no**-stros, Abraham, et sémini e-jus " in **sæ**-cula.

11. † Glória **Pa**-tri.

12. Sicut erat.

Après l'Antienne et l'Oraison propres, on fait Mémoire des Fêtes occurrentes; puis, s'il le faut, on dit les Suffrages des Saints, p. 64. Après l'Oraison du jour, ou après la dernière Oraison des Mémoires ou des Suffrages, on dit :

℣. Dóminus vobíscum.

℟. Et cum spíritu tuo.

℣. Benedicámus Dómino.

℟. Deo grátias.

℣. Fidélium ánimæ " per misericórdiam Dei requiéscant in pace.

℟. Amen.

On dit ensuite les Complies. Si on ne les dit pas, l'Officiant récite Pater noster à voix basse; puis il ajoute :

℣. Dóminus det nobis suam pacem.

℟. Et vitam ætérnam. Amen.

On dit ensuite l'Antienne à la sainte Vierge, selon le temps. (Voir plus loin, après les Complies.)

Après l'Oraison, on termine par le ℣. suivant :

℣. Divínum auxílium " máneat semper nobíscum.

℟. Amen.

MÉMOIRES COMMUNES OU SUFFRAGES DES SAINTS.

—

MÉMOIRE DE LA SAINTE VIERGE,

Quand on n'en fait pas l'Office.

ANTIENNE. DU 4.

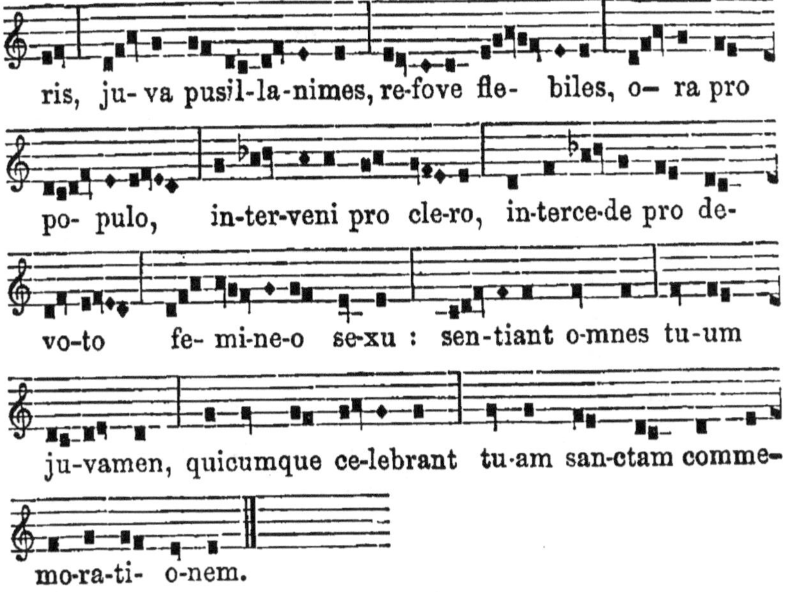

℣. Ora pro nobis " sancta Dei Génitrix.
℟. Ut digni efficiámur " promissiónibus Christi.

ORÉMUS.

CONCÉDE nos fámulos tuos, quæsumus Dómine Deus, perpétua mentis et córporis sanitáte gaudére : et gloriósa beátæ Maríæ semper Vírginis intercessióne, a præsénti liberári tristítia, et ætérna pérfrui lætitia.

Depuis l'Octave de l'Épiphanie jusqu'à la Purification de la Sainte Vierge, on dit :

℣. Post partum Virgo " invioláta permansísti.
℟. Dei Génitrix " intercéde pro nobis.

ORÉMUS.

DEUS, qui salútis ætérnæ, beátæ Maríæ virginitate fœcúnda, humáno géneri præmiu præstitísti : tríbue quæsumus ; ut ipsam pro nobis íntercédere sentiámus ; per quam merúimus auctórem vitæ suscípere, Dóminum nostrum Jesum Christum Fílium tuum.

MÉMOIRE DES APOTRES SAINT PIERRE ET SAINT PAUL.

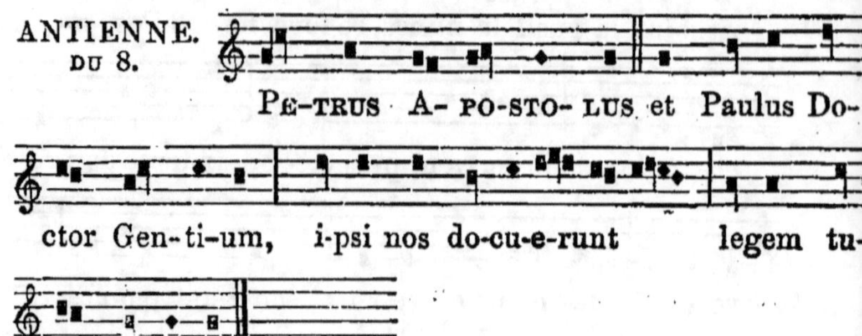

℣. Constítues eos príncipes ″ super omnem terram.
℟. Mémores erunt nóminis tui ″ Dómine.

ORÉMUS.

DEUS, cujus déxtera beátum Petrum ambulántem in flúctibus, ne mergerétur, eréxit : et coapóstolum ejus Paulum, tértio naufragántem, de profúndo pélagi liberávit : exáudi nos propítius, et concéde; ut ambórum méritis æternitátis glóriam consequámur.

On fait Mémoire du Patron ou du Titulaire de l'Église, selon sa dignité, avant ou après les Mémoires qui précèdent.

MÉMOIRE DE LA PAIX.

℣. Fiat pax in virtúte tua.
℟. Et abundántia ″ in túrribus tuis.

ORÉMUS.

DEUS, a quo sancta desidéria, recta consília, et justa sunt ópera : da servis tuis illam, quam mundus dare non potest, pacem; ut et corda nostra mandátis tuis dédita, et hóstium subláta formídine, témpora sint tua protectióne tranquilla. Per Dóminum.

A COMPLIES.

Le Lecteur. ℣. Jube domne " benedícere.

Bénédiction. Noctem quiétam, et finem perféctum " concédat nobis Dóminus omnípotens. ℟. Amen.

LEÇON BRÈVE.

FRATRES, Sóbrii estóte, et vigiláte : quia adversárius vester diábolus " tanquam leo rúgiens círcuit, quærens quem dévoret : cui resístite fortes in fide. Tu autem Dómine " miserére nobis. ℟. Deo grátias.

℣. Adjutórium nostrum " in nómine Dómini.
℟. Qui fecit cœlum et terram.

Pater noster...

On récite ensuite les Prières suivantes :

L'Officiant. Confíteor Deo omnipoténti, *etc.*

Le Chœur. Misereátur tui omnípotens Deus, et dimíssis peccátis tuis, perdúcat te ad vitam ætérnam.
℟. Amen.

Le Chœur. Confíteor Deo, *etc.*

L'Officiant. Misereátur vestri omnípotens Deus, et dimíssis peccátis vestris, perdúcat vos ad vitam ætérnam. ℟. Amen.

Indulgéntiam, absolutiónem et remissiónem peccatórum nostrórum " tríbuat nobis omnípotens et miséricors Dóminus. ℟. Amen.

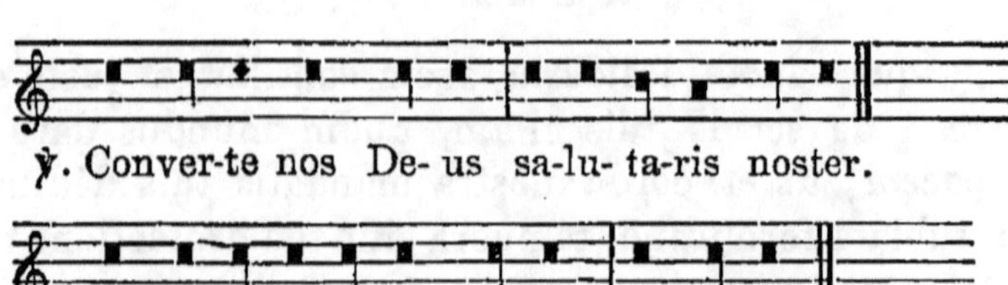

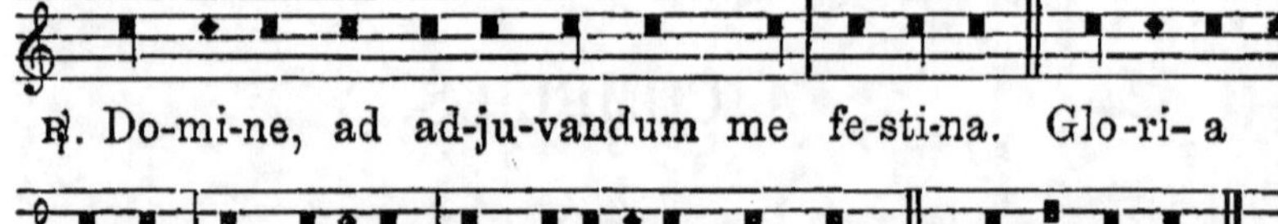

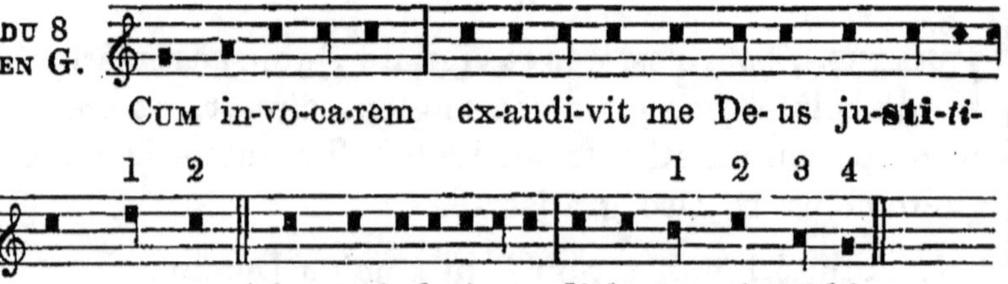

Patri, et Fi-li-o, et Spiritu-i sancto, *etc.* Al-le-lu- ia.

PSAUME 4.

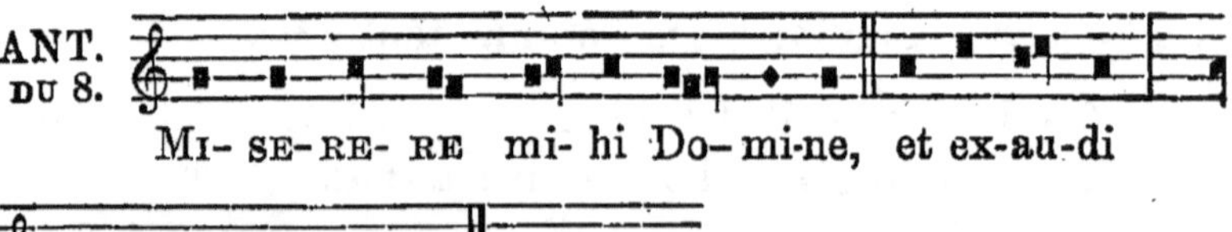

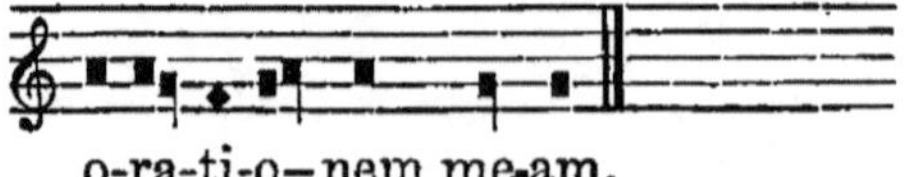

æ me-æ : * in tri-bulati-one di-la-ta-sti mi hi.

2. Miserere, *etc.*, p. 53.

Pendant l'année :

o-ra-ti-o—nem me-am.

Au Temps pascal :

ANT.
Al-le- lu-ia, al-le-lu-ia, al-lelu-ia.

HYMNE. DU 4.

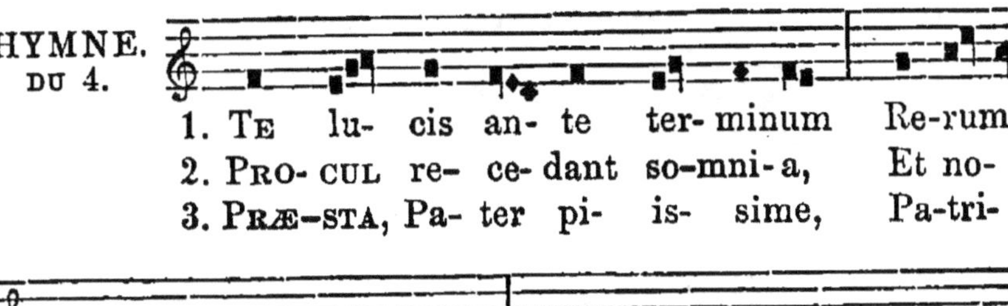

Dans le Temps pascal, la troisième Strophe ou Doxologie est remplacée par la suivante :

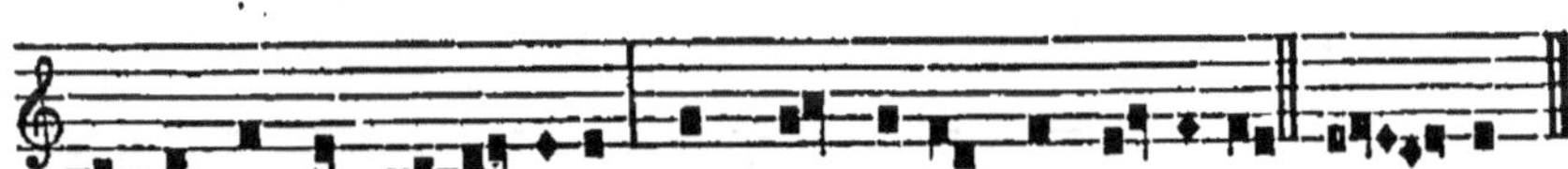

Aux Fêtes de la sainte Vierge, aux Fêtes de la Nativité de N. S. et du S. Sacrement, et pendant leurs Octaves :

HYMNE. DU 2 TRANSP.

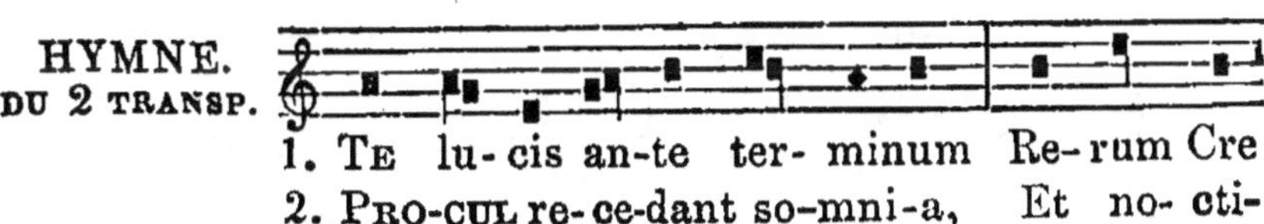

1. Sis præsul et cu-sto-di-a.
2. Ne pol-lu- an-tur corpora.

3. Je-su, ti-bi sit glo-ri-a, Qui na-tus es de Virgi-ne, Cum

Patre, *et* al-mo Spi-ri-tu, In sem-pi- ter-na sæ-cula.

A- men.

Capit. Tu autem, *etc.* ℟. Deo grátias, *p.* **32.**

Pendant l'Avent :

℟. *br.*
DU 4 TRANSP.

Pendant l'Année :

℣. Custódi nos, *etc.* ℟. Sub umbra, *etc.*

Au Temps Pascal :

℣. Custo-di nos, *etc..* alleluia. ℟. Sub umbra, *etc.*, allelu-ia.

CANTIQUE DE S. SIMÉON.

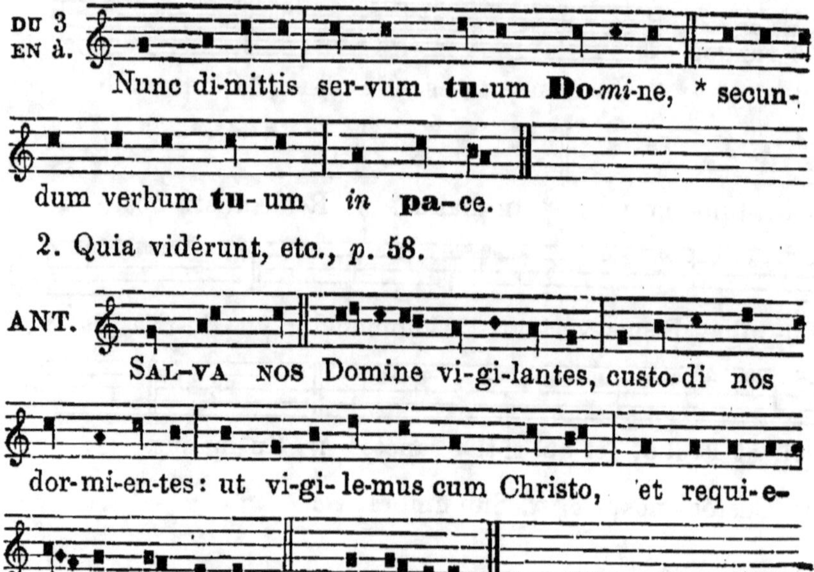

2. Quia vidérunt, etc., *p.* 58.

℣. Dóminus vobíscum.
℟. Et cum spíritu tuo.

ORÉMUS.

VISITA, quæsumus Dómini, habitatiónem istam, et omnes
insídias inimíci ab ea longe repélle : Angeli tui sancti
hábitent in ea, qui nos in pace custódiant : et benedíctio tua
sit super nos semper. Per Dóminum nostrum Jesum Christum
Fílium tuum. Qui tecum.

℣. Dóminus vobíscum.
℟. Et cum spíritu tuo.

℣. Benedicámus Dómino,
℟. Deo grátias.

Bénédiction. Benedícat, et custódiat nos '' omnípotens et
miséricors Dóminus, Pater, et Fílius, et Spíritus sanctus.
℟. Amen.

*On omet Fidélium ánimæ, et l'on dit immédiatement l'une
des Antiennes suivantes, selon le Temps.*

ANTIENNES A LA SAINTE VIERGE.

Depuis les Vêpres du Samedi avant le premier Dimanche de l'Avent, jusqu'à la Purification inclusivement.

Angelus Dómini " nuntiávit Maríæ.
Et concépit " de Spíritu sancto.

ORÉMUS.

G RATIAM tuam, quæsumus Dómine, méntibus nostris infúnde : ut qui, Angelo nuntiánte, Christi Fílii tui incarnatiónem cognóvimus ; per passiónem ejus et crucem ad resurrectiónis glóriam perducámur. Per eúmdem Christum Dóminum nostrum. ℟. Amen.

5

Depuis les premières Vêpres de Noël jusqu'à la Purification :

℣. Post partum Virgo " inviolátá permansísti.

℟. Dei Génitrix " intercéde pro nobis.

ORÉMUS.

DEUS, qui salútis ætérnæ, beátæ Maríæ virginitáte fœcúnda, humáno géneri præmia præstitísti : tríbue quæsumus ; ut ipsam pro nobis intercédere sentiámus, per quam merúimus auctórem vitæ suscípere, Dóminum nostrum Jesum Christum Fílium tuum.

℟. Amen.

Depuis les Complies du jour de la Purification jusqu'au Jeudi-Saint exclusivement :

ANTIENNE. DU 6.

℣. Dignáre me laudáre te, Virgo sacráta.

℟. Da mihi virtútem " contra hostes tuos.

ORÉMUS.

CONCÉDE, miséricors Deus, fragilitáti nostræ præsídium : ut qui sanctæ Dei Genitrícis memóriam ágimus, intercessiónis ejus auxílio a nostris iniquitátibus resurgámus. Per eúmdem Christum Dóminum nostrum.

℟. Amen.

Depuis les Complies du Samedi-Saint jusqu'à None du Samedi après la Pentecôte inclusivement :

℣. Gaude et lætáre, virgo María, allelúia.
℟. Quia surréxit Dóminus vere, allelúia.

ORÉMUS.

DEUS, qui per resurrectiónem Fílii tui Dómini nostri Jesu Christi mundum lætificáre dignátus es : præsta quæsumus ; ut per ejus Genitrícem Vírginem Maríam, perpétuæ capiámus gáudia vitæ. Per eúmdem Christum Dóminum nostrum.

℟. Amen.

Depuis les premières Vêpres de la Trinité jusqu'à None du Samedi avant le premier Dimanche de l'Avent.

se-ri-cor- di-æ, vi- ta, dul-ce-do, et spes no-stra
sal- ve. Ad te clama-mus ex-u-les fi-li-i He-
væ. Ad te suspira- mus gementes et flen-tes in
hac lacrymarum val- le. E- ia ergo, Ad-voca- ta no-
tra, il-los tu- os mi-sericor- des o- culos ad
nos conver- te. Et Je-sum bene-di-ctum fructum
ventris tu- i, no- bis post hoc ex-i- li-um o-
stende. O cle- mens, O pi- a, O
dul-cis Virgo Mari- a.

II Chant.

℣. Ora pro nobis, sancta Dei Génitrix
℟. Ut digni efficiámur '' promissiónibus Christi.

ORÉMUS.

OMNIPOTENS sempitérne Deus, qui gloriósæ Vírginis ma-
tris Maríæ corpus et ánimam, ut dignum Fílii tui habi-
táculum éffici mererétur, Spíritu sancto cooperánte, præpara-
sti : da, ut cujus commemoratióne lætámur, ejus pia inter-

cessióne ab instántibus malis, et a morte perpétua liberémur.
Per eúmdem Christum Dóminum nostrum.

   ℞. Amen,

   ℣. Divínum auxílium '' máneat semper nobíscum.

   ℞. Amen.

On dit ensuite tout bas : Pater... Ave... Credo...

VÊPRES DES DIMANCHES

ET

DES PRINCIPALES FÊTES DE L'ANNÉE.

PROPRE DU TEMPS.

AUX DIMANCHES DE L'AVENT.

Psaumes du Dimanche : 1º Dixit Dóminus, *p.* 39 ; — 2º Confitébor, *p.* 40 ; — 3º Beátus vir, *p.* 40 ; — 4º Laudáte púeri, *p.* 41 ; — 5º In éxitu, *p.* 42.

HYMNE.
DU 4 TRANSP.

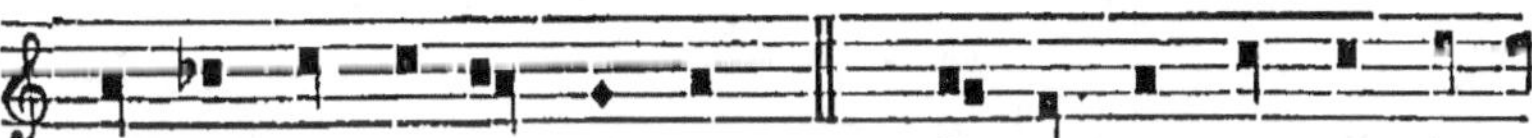

4. et in- fe- ri Tremen- te cur-vantur ge-nu.
5. næ gra-ti-æ De-fen- de nos ab ho-sti-bus.
6. Pa- ra- cli-to, In sem- pi- ter-na sæ-cu-la.   A- men.

℣. Roráte cœli désuper, et nubes pluant justum.
℞. Aperiátur terra, et gérminet Salvatórem.
Cant. Magníficat, *p.* 63.

LA NATIVITÉ DE N.-S. J. C.

ET SON OCTAVE.

1º Dixit Dóminus, *p.* 39; — 2º Confitébor, *p.* 40; — 3º Beátus vir, *p.* 40; — 4º De profúndis, *p.* 48; 5º Memento, *p.* 49.

HYMNE.
DU 1.
(1)

1. JE-SU Red-emptor o-mni-um, Quem lu- cis an-
2. TU lu-men et splendor Patris, Tu spes pe-ren-
3. MEMENTO, re-rum Con-di-tor, No-stri quod o-

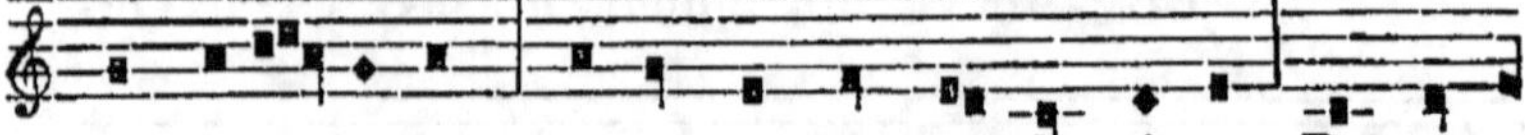

1. te o- ri- ginem Parem pa- ter-næ glo- ri- æ Pa- ter
2. nis o- mni-um, In-ten-de quas fundunt preces Tu- i
3. lim cor- po-ris Sacra- ta ab alvo Vir-gi-nis Nascen-

1. su- pre-mus e- di-dit.   4. TE-STA-TUR hoc præ-sens di-
2. per or- bem ser-vu-li.   5. HUNC a-stra, tel-lus, æ- quo-
3. do, for-mam sumpseris.   6. ET nos, be- a- ta quos sa-

4. es Cur-rens per an- ni cir- cu-lum, Quod so-lus e si-
5. ra, Hunc om-ne quod cœ-lo sub-est, Sa- lu-tis Aucto-
6. cri Ri- ga-vit un-da San-gui-nis, Na- ta-lis ob di-

(1) On peut encore, pour cette Hymne, prendre le chant de l'Hymne de l'Épiphanie. *p. suiv.*

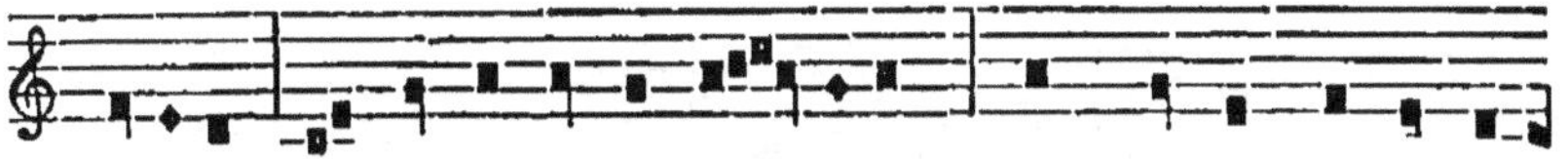

℣. Notum fecit Dóminus, allelúia.
℟. Salutáre suum, allelúia.
Cant. Magníficat, *p.* 63.

L'ÉPIPHANIE DE N.-S. J. C.

ET SON OCTAVE.

Psaumes du Dimanche, p. 39 *et suivantes.*

HYMNE.
DU 3.

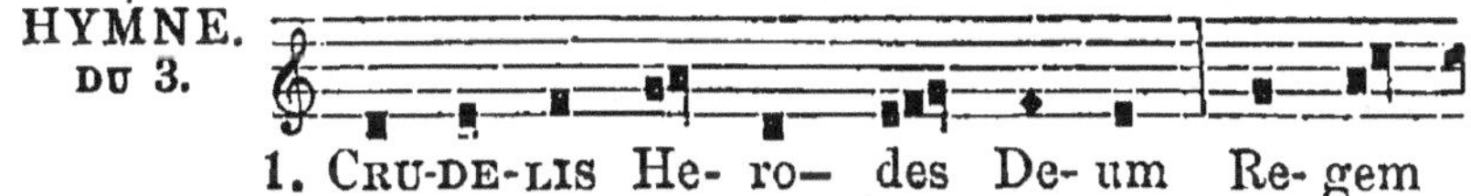

4. o-ri-ginem.
5.   sæ-cu-la. A— men.

℣. Reges Tharsis et insulæ ” múnera ófferent.
℟. Reges Arabum et Saba ” dona addúcent.
Cant. Magnificat, *p.* 63.

Aux Dimanches après l'Épiphanie jusqu'au Carême, Vêpres du Dimanche, p. 59 *et suivantes.*

AUX DIMANCHES DU CARÊME.

Psaumes du Dimanche, p. 39 *et suivantes.*

HYMNE.
DU 2 TRANSP.

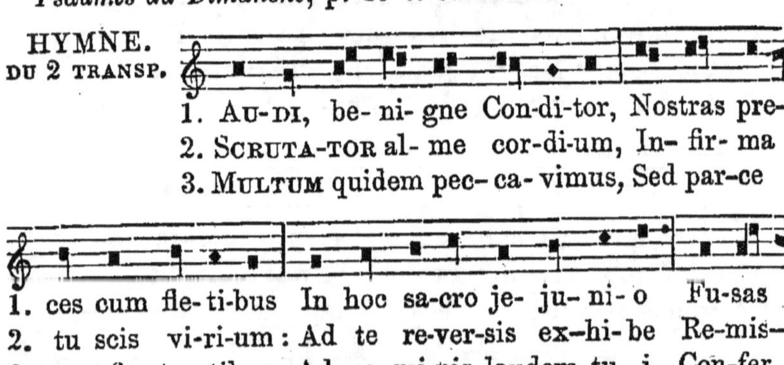

℣. Angelis suis " Deus mandávit de te.

℟. Ut custódiant te " in ómnibus viis tuis.

Cant. Magníficat, *p.* 63.

AUX DIM. DE LA PASSION ET DES RAMEAUX.

Psaumes du Dimanche, p. 39 et suivantes.

HYMNE.
DU 1.

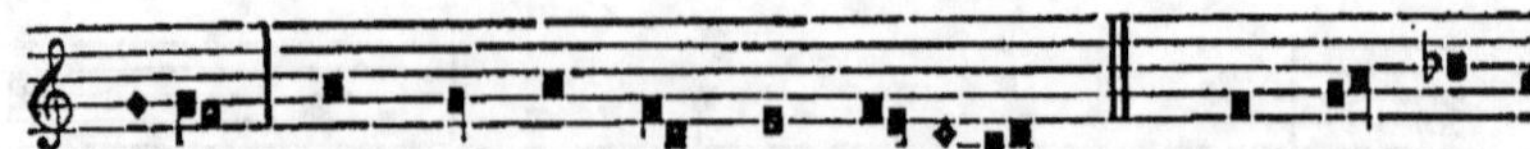

4. pi-te Tam sancta membra tange-re. 6. † O Crux A-
5. po-ris, Tu- lit-que præ-dam tarta-ri. 7. Te, fons sa-

6. ve, spes u- ni- ca! Hoc pas-si- o- nis tem-po-re
7. lu- tis, Tri- ni- tas, Col-lau-det o-mnis spi- ri-tus :

6. Pi- is ad-au- ge gra- ti- am, Re- is-que de- le cri-
7. Qui-bus Crucis vi- cto- ri- am Lar- gi- ris, ad-de præ-

6. mi-na.
7. mium. A- men.

℣. Eripe me Dómine ” ab hómine malo.

℟. A viro iníquo ” éripe me.

Cant. Magníficat, *p.* 63.

LE SAINT JOUR DE PAQUES.

Psaumes du Dimanche, p. 39 et suivantes.

On ne chante pas d'Hymne.

Cant. Magníficat, *p.* 63.

AUX DIMANCHES DU TEMPS PASCAL.

Psaumes du Dimanche, p. 39 et suivantes.

HYMNE.
DU 8.

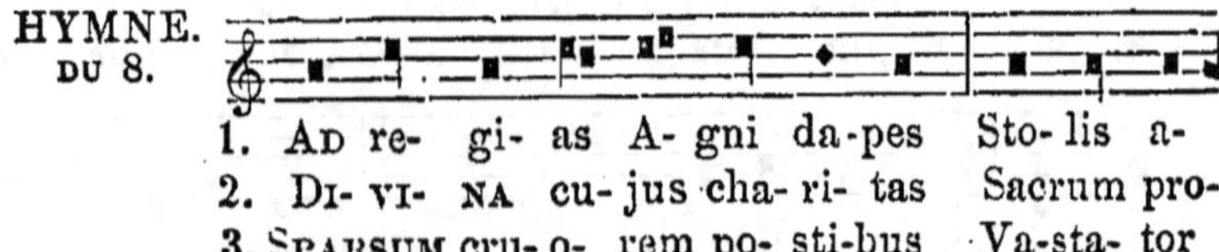

1. Ad re- gi- as A- gni da-pes Sto- lis a-
2. Di- vi- na cu- jus cha- ri- tas Sacrum pro-
3. Sparsum cru- o- rem po- sti-bus Va-sta- tor

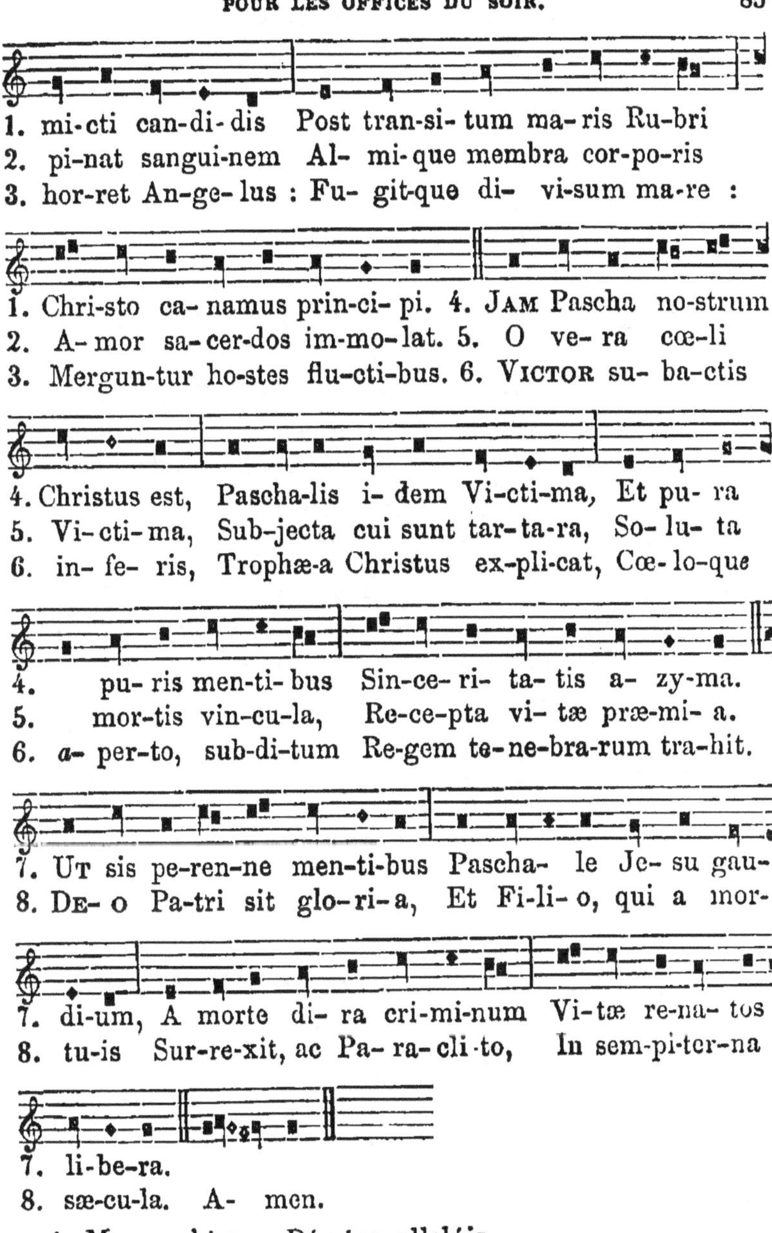

℣. Mane nobíscum Dómine, allelúia.
℟. Quóniam advesperáscit, allelúia.

Cant. Magníficat, *p.* 63.

L'ASCENSION DE N. S. J. C.
ET SON OCTAVE.

Les quatre premiers Psaumes du Dimanche, p. 39 et suivantes ; pour le cinquième, Laudáte Dóminum, p. 45.

℣. Dóminus in cœlo, allelúia.
℟. Parávit sedem suam, allelúia.
Cant. Magníficat, *p.* 63.

LE SAINT JOUR DE LA PENTECOTE.

Psaumes du Dimanche, p. 39 et suivantes.

HYMNE.
DU 8.

℣. Loquebántur váriis linguis Apóstoli, allelúia.
℟. Magnália Dei, allelúia.
Cant. Magníficat, *p.* 63.

FÊTE DE LA TRÈS-SAINTE TRINITÉ.

Psaumes du Dimanche, p. 39 *et suivantes.*

℣. Benedictus es Dómine " in firmaménto cœli.
℟. Et laudábilis et gloriósus " in sæcula.
Cant. Magníficat, *p.* 63.

LA FÊTE DU SAINT SACREMENT

ET SON OCTAVE.

1° Dixit Dóminus, *p.* 39; — 2° Confitébor, *p.* 40; — 3° Crédidi, *p.* 44; — 4° Beáti omnes, *p.* 48; — 5° Lauda Jerusálem, *p.* 53.

HYMNE.
DU 3.

Lent.

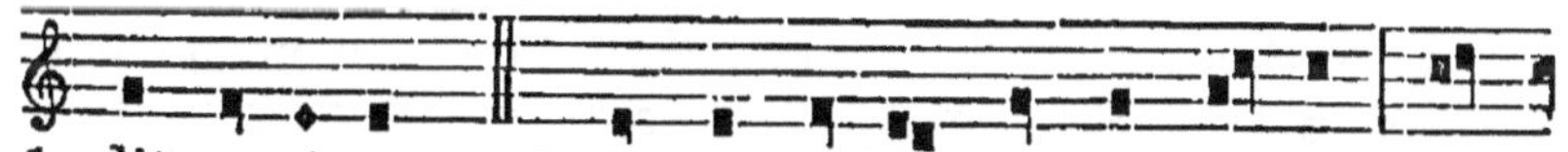

℣. Panem de cœlo præstitísti eis, allelúia.
℟. Omne delectaméntum in se habéntem, allelúia.
Cant. Magníficat, p. 63.

LA FÊTE DU SACRÉ CŒUR DE JÉSUS.

1º Dixit Dóminus, *p.* 39 ; — 2º Confitébor, *p.* 40 ; — 3º Credidi, *p.* 44 ; — 4º Beáti omnes, *p.* 48 ; — 5º Lauda Jerúsalem, *p.* 53.

HYMNE.
DU 6.

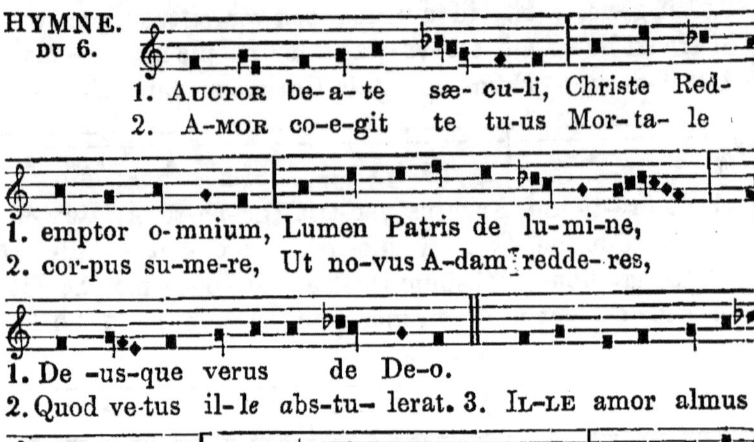

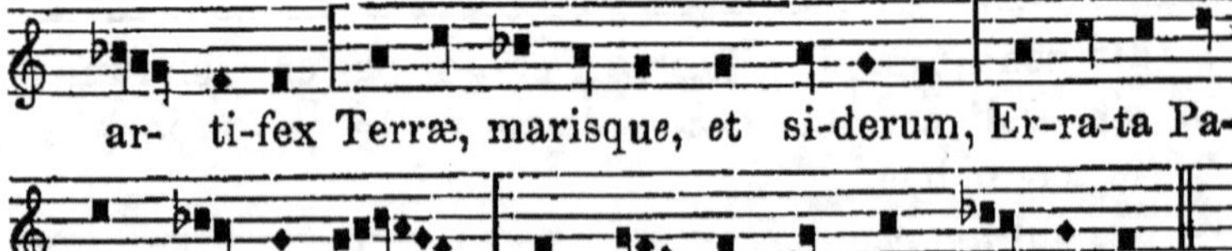

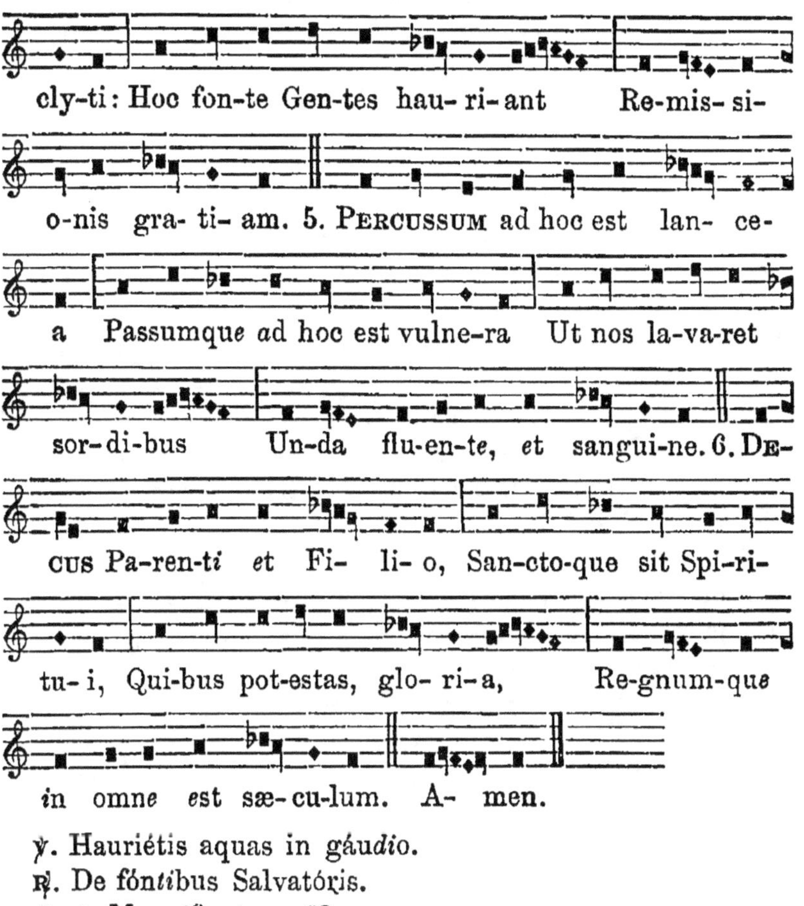

℣. Hauriétis aquas in gáudio.
℟. De fóntibus Salvatóris.
Cant. Magníficat, *p.* 63.

AUX DIMANCHES APRÈS LA PENTECOTE
JUSQU'A L'AVENT.

Vêpres du Dimanche, p. 58 *et suivantes.*

Après l'Antienne du Magnificat *et l'Oraison, on dit les **Suf-**
frages des Saints, p. 64 *et suiv.*

PROPRE DES SAINTS.

—

FÊTE DU SAINT NOM DE JÉSUS.
(LE DEUXIÈME DIMANCHE APRÈS L'ÉPIPHANIE.)

*Les quatre premiers Psaumes du Dimanche, p. 39 et suivantes;
pour le cinquième, Crédidi, p. 44.*

HYMNE.
DU 4.

℣. Sit Nomen Dómini benedíctum, allelúia.
℟. Ex hoc nunc et usque in sæculum, allelúia.
Cant. Magnificat, *p.* 63.

FÊTE DE S. JOSEPH.
(19 MARS.)

*Les quatre premiers Psaumes du Dimanche, p. 39 et suivantes ;
cinquième Psaume, Laudáte Dóminum, p. 45.*

HYMNE.
DU 2 EN A.

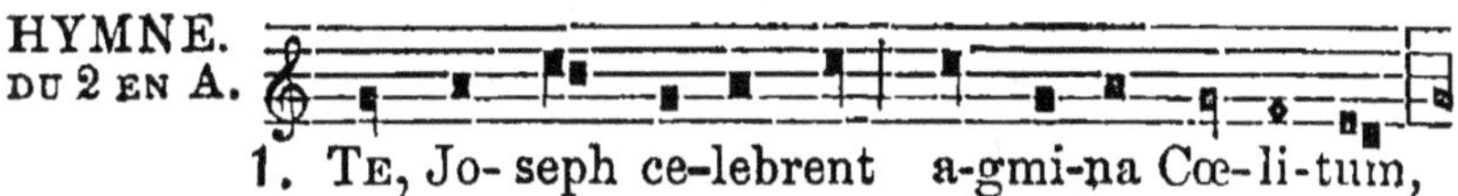

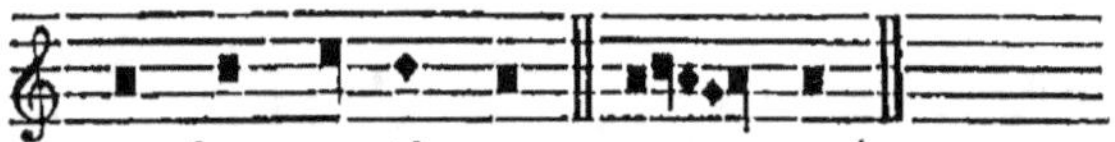

℣. Glória et divítiæ '' in domo ejus.
℟. Et justítia ejus manet '' in sæculum sæculi.

FÊTE DU PATRONAGE.
(LE TROISIÈME DIMANCHE APRÈS PAQUES.)

℣. Sub umbra illíus, quem desideráveram, sedi, allelúia.
℟. Et fructus ejus '' dulcis gútturi meo, allelúia.
Cant. Magníficat, *p.* 63.

FÊTE DES SS. APOTRES PIERRE ET PAUL.
(29 JUIN.)

AUX I VÊPRES.

Les quatre premiers Psaumes du Dimanche, p. 39 *et suivantes;*
le cinquième est le Psaume Laudáte Dóminum, p. 45.

AUX II VÊPRES.

1º Dixit Dóminus, *p.* 39; — 2º Laudáte púeri, *p.* 41; —
3º Crédidi, *p.* 44; — 4º In converténdo, *p.* 47; — 5º Dómine
probásti me, *p.* 51.

HYMNE.
DU 8.

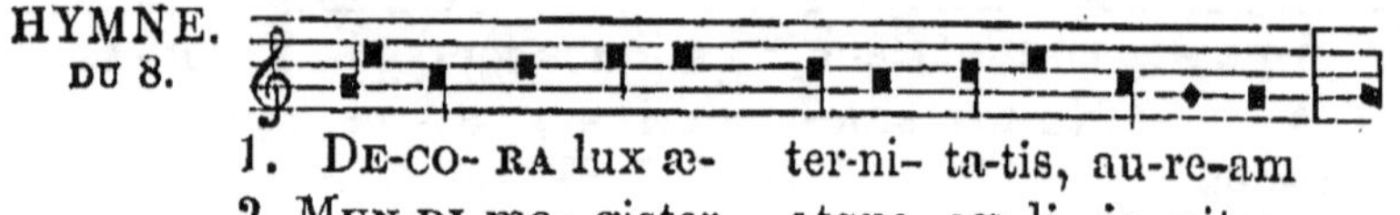

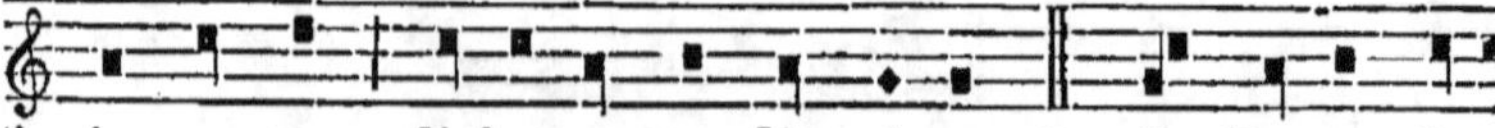

AUX I VÊPRES.

℣. In omnem terram ″ exívit sonus eórum.
℟. Et in fines orbis terræ ″ verba eórum.

AUX II VÊPRES.

℣. Annuntiavérunt ópera Dei.
℟. Et facta ejus intellexérunt.
Cant. Magníficat, *p.* 63.

FÊTE DE TOUS LES SAINTS.
(1ᵉʳ NOVEMBRE.)

AUX I VÊPRES.

Les quatre premiers Psaumes du Dimanche, p. 39 *et suivantes ;
le cinquième est le Psaume,* Laudáte Dóminum, *p.* 45.

AUX II VÊPRES.

*Les Psaumes des premières Vêpres, à l'exception du cinquième
qui est* Crédidi, *p.* 44.

HYMNE.
DU 8.

1. Pa- tris cle-men-ti- am   Tu-æ ad tri- bu-nal gra-ti-
2. cta **gy- ros**, Agmi-na;   An- ti-qua cum præsen-ti-

1. æ Patro-na Vir- go postu-lat. 3. A- PO-STO-LI cum
2. bus, Fu-tu- ra damna pel-li- te. 4. Vos purpu- ra- ti

3. Va- tibus, A- pud se verum Ju- di- cem, Ve-ris re-
4. Mar-tyres, Vos can- di- da- ti præ- mi- o Confes- si-

3. o- rum fle- tibus, Ex-po-sci-te in-dul-gen-ti- am.
4. o- nis, ex- u-les Vo- ca- te nos in pa-tri- am.

5. CHO- RE- A   ca- sta Vir- gi-num, Et quos e- re-mus
6. AU-FER-TE gen- tem per- fi- dam Cre- den- ti- um de
7. DE- o Pa- tri sit glo- ri- a, Na- to- que Pa- tris

5. in-co- las Transmi-sit a-stris, Cœ-li- tum Lo- ca- te
6. fi- ni- bus, Ut u-nus omnes u- ni- cum O- vi- le
7. u- ni- co, San-cto si- mul Pa- ra-cli- to, In sem-pi-

5. nos in se- di-bus.
6. nos pa-stor re-gat.
7. ter- na sæ- cu- la. A- men.

AUX I VÊPRES.

℣. Lætámini in Dómino, et exultáte justi.
℟. Et gloriámini '' omnes recti corde.

AUX II VÊPRES.

ỳ. Exultábunt Sancti ” in glória.

℞. Lætabúntur ” in cubílibus suis.

Cant. Magníficat, *p.* 63.

Après le ỳ. Benedicámus Dómino, *on dit les Vêpres des Morts,*
p. 111.

AUX FÊTES DE LA SAINTE VIERGE.

1º Dixit Dóminus, *p.* 39; — 2º Laudáte púeri, *p.* 41; —
3º Lætátus sum, *p.* 46; — 4º Nisi Dóminus, *p.* 47; — 5º Lauda Jerúsalem, *p.* 53.

HYMNE.
DU 1.

II Chant.

III Chant.

℣. Dignáre me laudáre te, Virgo sacráta. (Allelúia.)
℟. Da mihi virtútem " contra hostes tuos. (Allelúia.)
Cant. Magníficat, *p.* 63.

COMMUN DES SAINTS.

—

COMMUN DES APOTRES ET DES EVANGÉLISTES.

AUX I VÊPRES.

*Les quatre premiers Psaumes du Dimanche, p. 39 et suivantes;
le cinquième est le Psaume* Laudáte Dóminum, *p. 45.*

AUX II VÊPRES.

1º Dixit Dóminus, *p.* 39; — 2º Laudáte púeri, *p.* 41; —
3º Crédidi, *p.* 44; — 4º In converténdo, *p.* 47; — 5º Dómine,
probásti me, *p.* 51.

HYMNE.
DU 4.

AUX I VÊPRES.

℣. In omnem terram ″ exívit sonus eórum.
℟. Et in fines orbis terræ ″ verba eórum.

AUX II VÊPRES.

℣. Annuntiavérunt ópera Dei.
℟. Et facta ejus intellexérunt.
Cant. Magníficat, *p.* 63.

Dans le Temps pascal, on dit l'Hymne et les ℣℣. suivants.

HYMNE.
DU 4.

AUX I VÊPRES.

ỳ. Sancti et justi " in Dómino gaudéte, allelúia.
℞. Vos elégit Deus " in hæreditátem sibi, allelúia.

AUX II VÊPRES.

ỳ. Pretiósa in conspéctu Dómini, allelúia.
℞. Mors sanctórum ejus, allelúia.

COMMUN D'UN OU DE PLUSIEURS MARTYRS.

AUX I VÊPRES.

Les quatre premiers Psaumes du Dimanche, p. 39 *et suivantes ;*
le cinquième est le Psaume Laudáte Dóminum, *p.* 45.

AUX II VÊPRES.

Les quatre premiers Psaumes du Dimanche, p. 39 *et suivantes ;*
le cinquième, Crédidi, *p.* 44.

HYMNE.
DU 8.
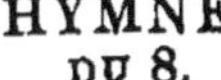

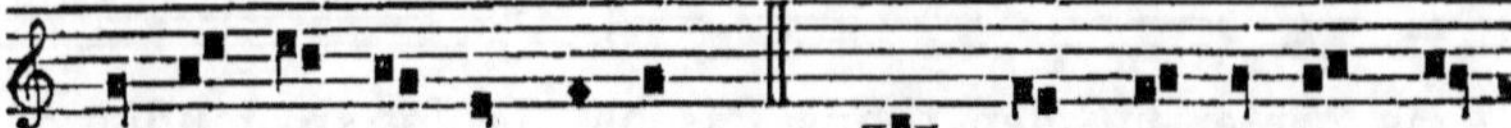

AUX I VÊPRES.

℣. Glória et honóre " coronásti eum Dómine.
℟. Et constituísti eum " super ópera mánuum tuárum.

AUX II VÊPRES.

℣. Justus ut palma florébit.
℟. Sicut cedrus Líbani " multiplicábitur.
Cant. Magníficat, *p.* 63.

POUR PLUSIEURS MARTYRS.

HYMNE.
DU 2 EN A.

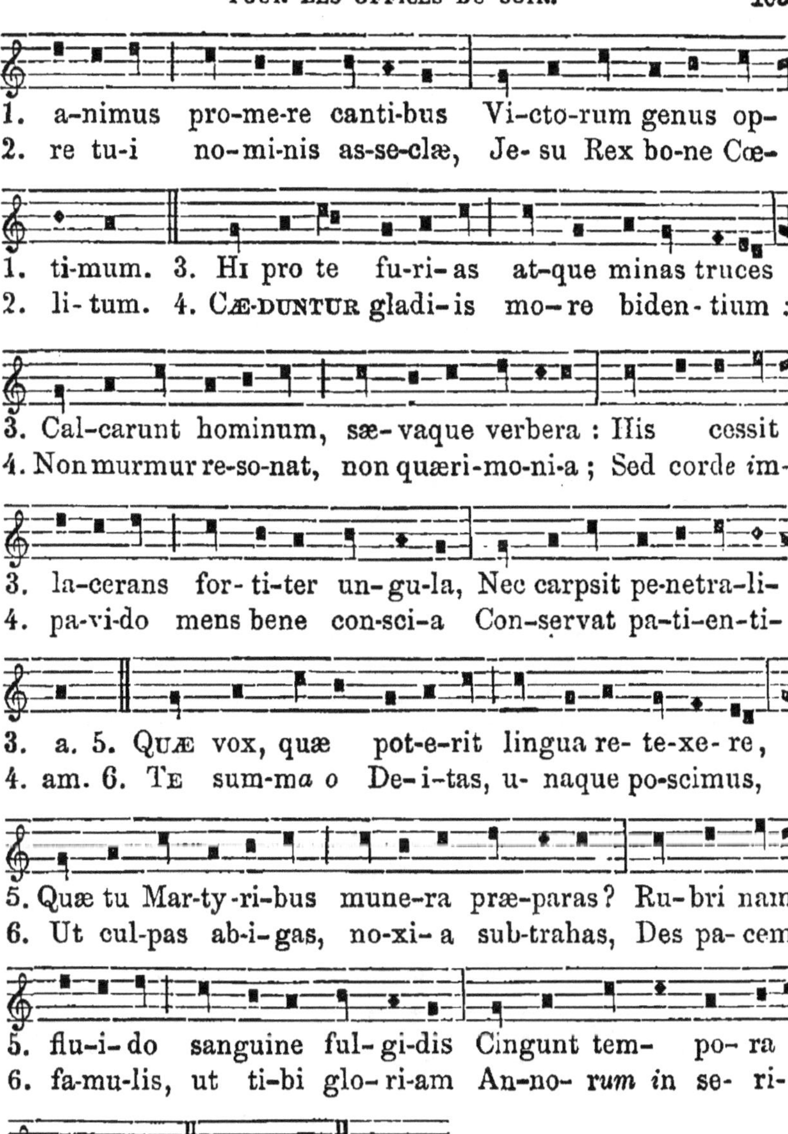

AUX I VÊPRES.

℣. Lætámini in Dómino, et exultáte justi.

℟. Et gloriámini " omnes recti corde.

AUX II VÊPRES.

℣. Exultábunt sancti " in glória.
℞. Lætabúntur " in cubílibus suis.
Cant. Magníficat, *p.* 63.

Dans le Temps pascal, on dit les Hymnes et les ℣℣. *suivants.*

POUR UN MARTYR.

HYMNE.
DU 8.

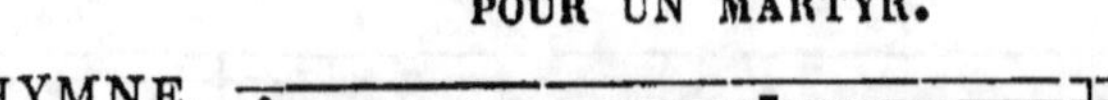

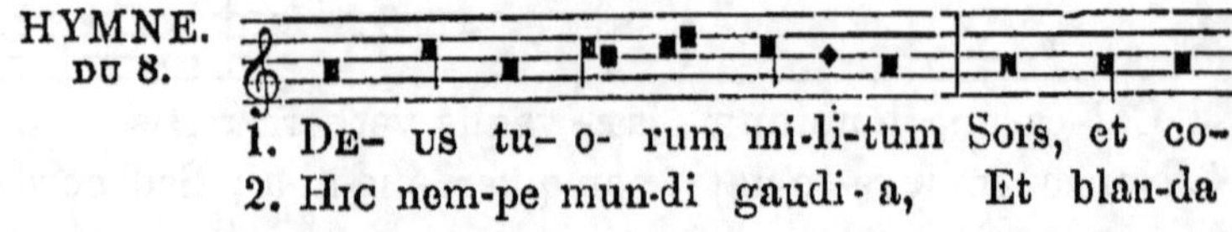

POUR PLUSIEURS MARTYRS.

HYMNE.
DU 8.

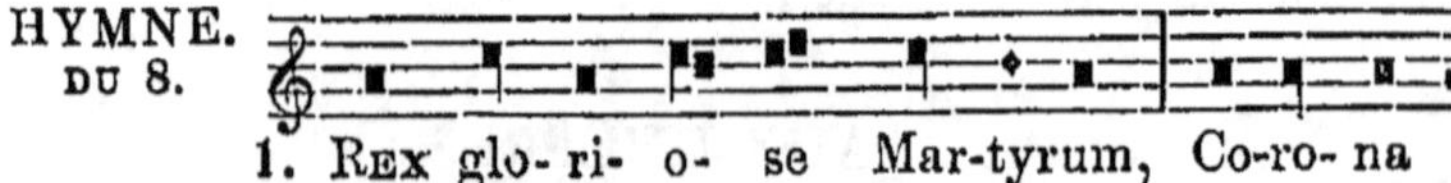

AUX I VÊPRES.

℣. Sancti et justi " in Dómino gaudéte, allelúia.
℟. Vos elégit Deus " in hæreditátem sibi, allelúia.

AUX II VÊPRES.

℣. Pretiósa in conspéctu Dómini, allelúia.
℟. Mors sanctórum ejus, allelúia.
Cant. Magníficat, *p.* 63.

COMMUN DES CONFESSEURS.

AUX I VÊPRES.

Les quatre premiers Psaumes du Dimanche, p. 39 *et suivantes ;
le cinquième est* Laudáte Dóminum, *p.* 45.

AUX II VÊPRES.

Pour un Confesseur non Pontife, comme aux I Vêpres.
*Pour un Confesseur Pontife, les quatre premiers Psaumes du
Dimanche,* p. 39 *et suivantes ; le cinquième est* Meménto Dómine,
p. 49.

HYMNE.
DU 1 TRANSP.

(1) Si la Fête n'est pas célébrée au jour anniversaire de la mort du Saint, on dit les paroles de la deuxième ligne.

II Chant.

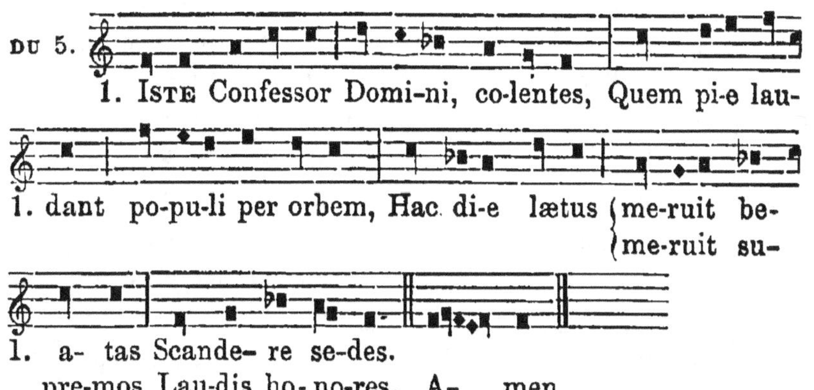

AUX I VÊPRES.

℣. Amávit eum Dóminus, et ornávit eum. (Allelúia.)
℟. Stolam glóriæ " índuit eum. (Allelúia.)

AUX II VÊPRES.

℣. Justum dedúxit Dóminus " per vias rectas. (Allelúia.)
℟. Et osténdit illi " regnum Dei. (Allelúia.)
Cant. Magníficat, *p.* 63.

COMMUN DES VIERGES ET DES SAINTES FEMMES
MARTYRES OU NON MARTYRES.

AUX VÊPRES.

1º *Psaume* Dixit Dóminus, *p.* 39; — 2º Laudáte púeri, *p.* 41; —
3º Lætátus sum, *p.* 46; — 4º Nisi Dóminus, *p.* 47; — 5º Lauda Jerúsalem, *p.* 53.

POUR UNE VIERGE.

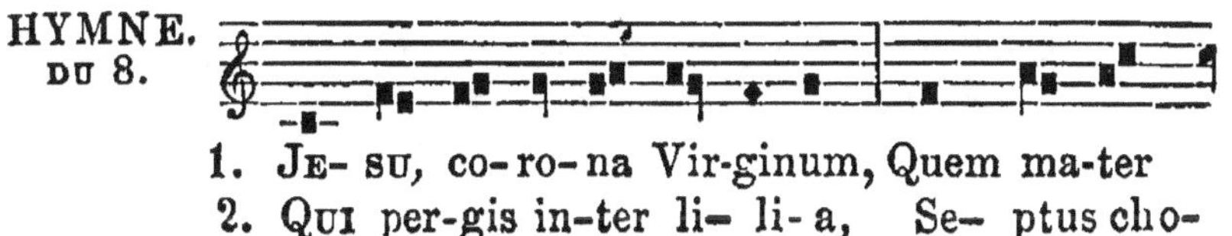

1. il- la con-ci-pit, Quæ so-la Virgo par-tu-rit, Hæc vo-
2. re- is Vir-gi-num, Sponsus de- co-rus glo-ri-a,   Sponsis-

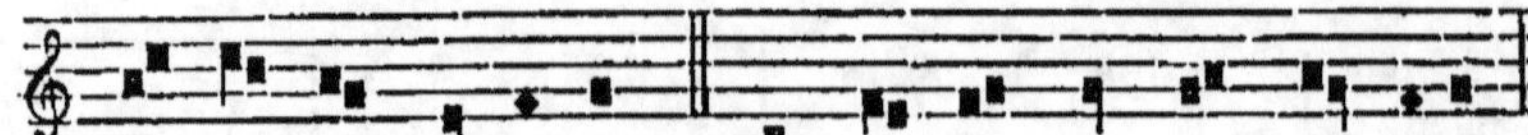

1. ta clemens ac-ci-pe. 3. QUOCUMQUE ten- dis, Vir-gines
2. que reddens præmia. 4. TE de- pre- ca- mur sup-plices,
                     5. VIRTUS, ho-nor, laus, glo-ri-a

3. Sequuntur, at-que lau-di-bus Post te ca- nen-tes cur-si
4. Nostris ut ad-das sen-si-bus, Ne- sci-re prorsus o-mni-
5. De-o Pa- tri cum Fi-li-o,   San-cto si- mul Pa- ra-cli-

3. tant, Hymnosque dul-ces personant.
4. a   Cor-ru- pti-o- nis vulne-ra.
6. to   In sæ- cu- lo- rum sæ-cu-la. A-   men.

POUR LES SAINTES FEMMES.

HYMNE.
DU 8.

1. FOR- TEM vi- ri- li pe-cto-re Lau-de-mus
2. HÆC san-cto a-mo-re sau-ci- a, Dum mun-di

1.   o- mnes fe- mi-nam, Quæ san-cti- ta-tis glo-ri-a
2.   a- mo-rem no-xi-um Hor- re-scit, ad cœ-le-sti-a

1. U-bi- que ful-get incly-ta. 3. CAR-NEM do-mans je-
2. I-ter per- e- git ar-duum. 4. REX Chri-ste vir- tus
                   5. DE- o Pa- tri sit

AUX I VÊPRES.

℣. Spécie tua, et pulchritúdine tua. (Allelúia.)

℞. Inténde, próspere procéde, et regna. (Allelúia.)

AUX II VÊPRES.

℣. Diffúsa est grátia " in lábiis tuis. (Allelúia.)

℞. Proptérea benedíxit te Deus " in ætérnum. (Allelúia.)

Si elles sont plusieurs.

℣. Adducéntur Regi Vírgines " post eam. (Allelúia.)

℞. Próximæ ejus " afferéntur tibi. (Allelúia.)

Cant. Magníficat, *p.* 63.

DÉDICACE DE L'ÉGLISE.

AUX VÊPRES.

Les quatre premiers Psaumes du Dimanche, **p. 39** *et suiv.; le* **cinquième est** Lauda Jerúsalem, **p. 53.**

HYMNE. DU 4.

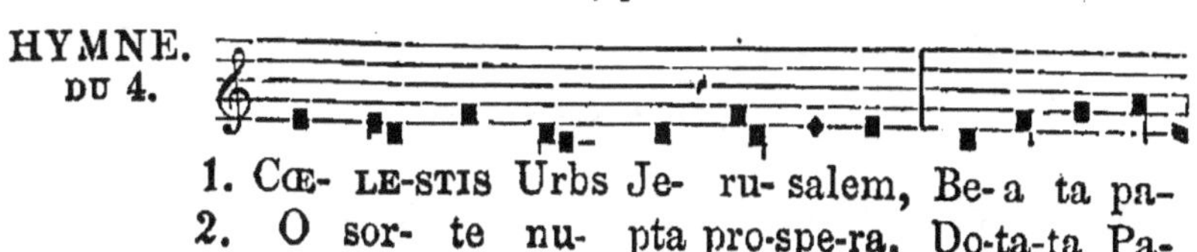

7

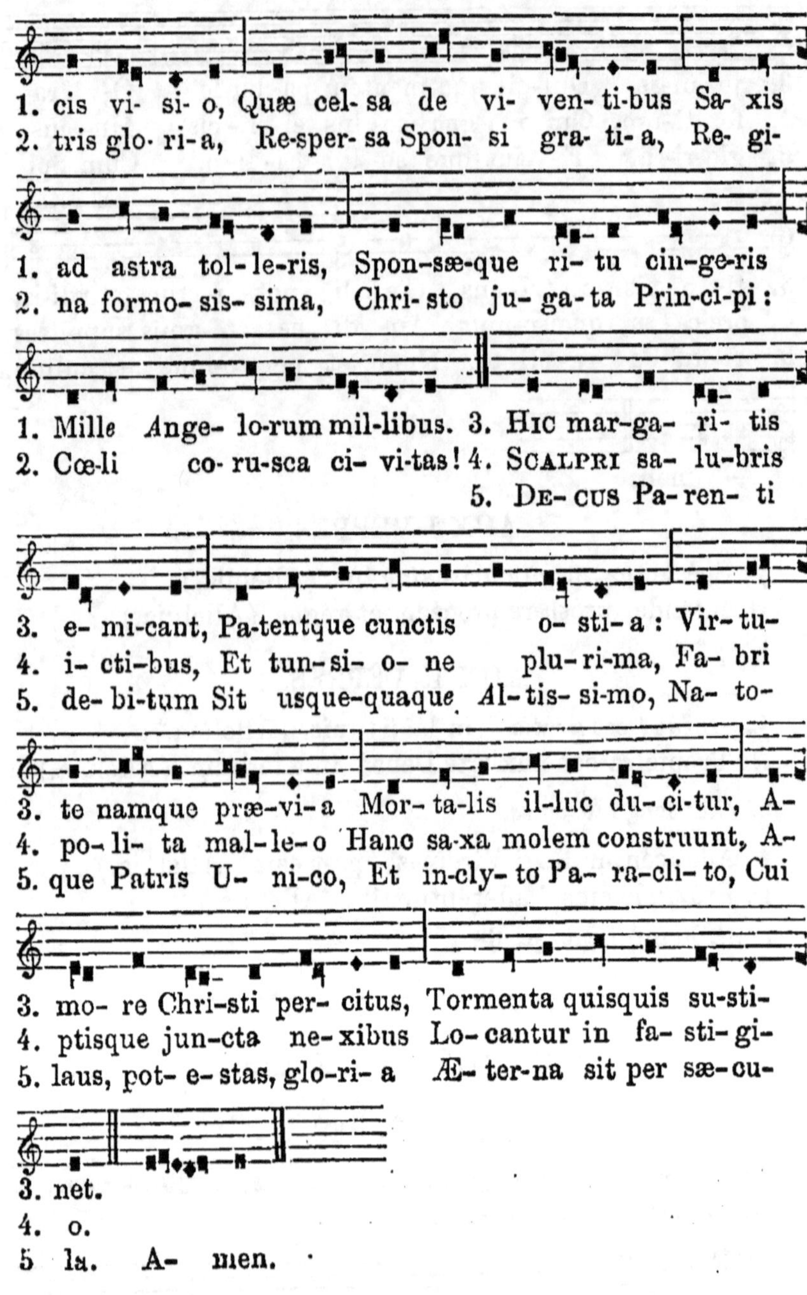

AUX I VÊPRES.

℣. Hæc est domus Dómini " fírmiter ædificáta. (Allelúia.)
℟. Bene fundáta est " supra firmam petram. (Allelúia.)

AUX II VÊPRES.

℣. Domum tuam Dómine " decet sanctitúdo. (Allelúia.)
℟. In longitúdinem diérum. (Allelúia.)
Cant. Magníficat, *p.* 63.

VÊPRES DES MORTS.

1º *Psaume* Diléxi, *p.* 43 ; — 2º Ad Dóminum, *p.* 45 ; — 3º Levávi, *p.* 45 ; — 4º De profundis, *p.* 48 ; — 5º Confitébor... quóniam, *p.* 50.

A la fin de chaque Psaume et du Magníficat, on omet le ℣. *Glória Patri,* et *l'on dit :*

Ré-*quiem* **æ-tér**-nam * dona e-is **Dó**-*mine*.
Et **lux** per-**pé**-*tua* * **lú**-ceat e-is.

Après la cinquième Antienne, on dit :

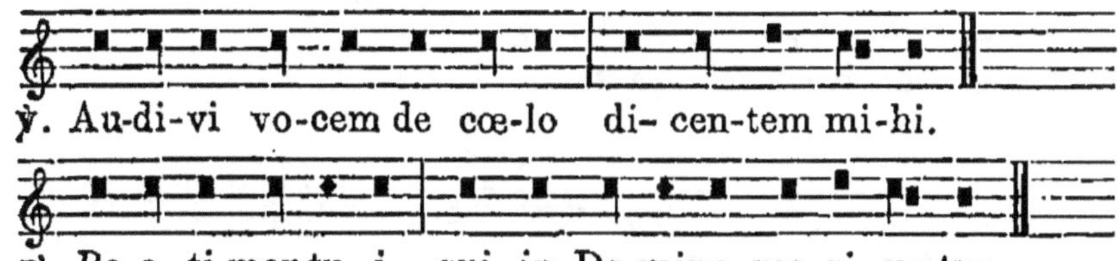

℟. Be-a- ti mor-tu- i, qui in Do-mino mo-ri- un-tur.

Cant. Magníficat, *p.* 63.
Pater noster.....
℣. Et ne nos indúcas " in tentatiónem.
℟. Sed líbera nos " a malo.
℣. A porta ínferi.
℟. Erue Dómine " ánimas eórum.
℣. Requiéscant in pace. ℟. Amen.
℣. Dómine exáudi, *etc.* ℟. Et clamor meus, *etc.*
℣. Dóminus vobíscum. ℟. Et cum spíritu tuo.
Après les Oraisons.

℣. Réquiem ætérnam " dona eis Dómine.
℟. Et lux perpétua " lúceat eis.

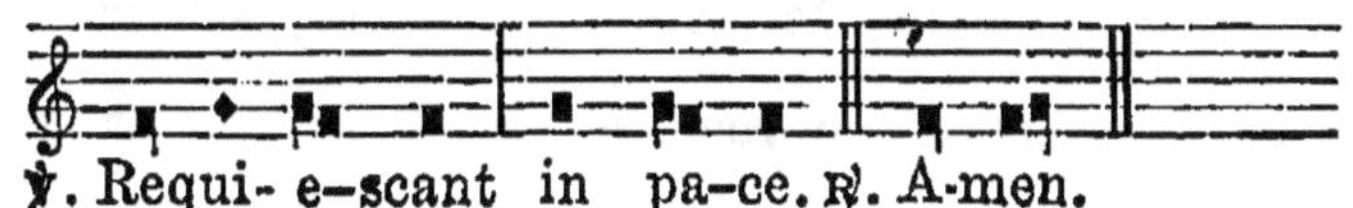

AUX SALUTS DU SAINT SACREMENT.

O SALUTARIS.

I chant.

(I)

II chant.

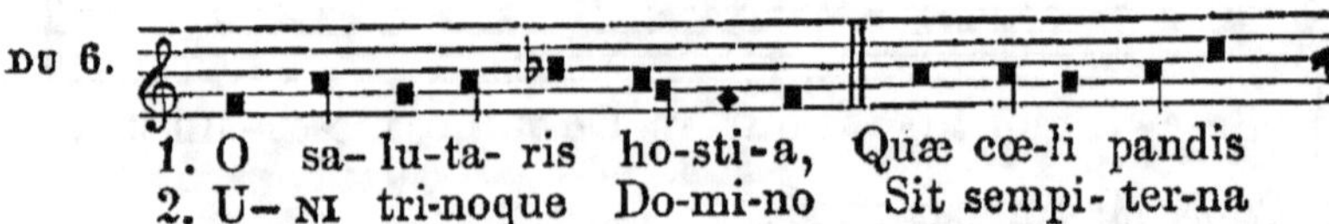

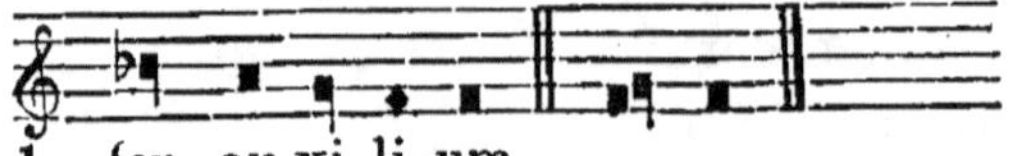

III chant.

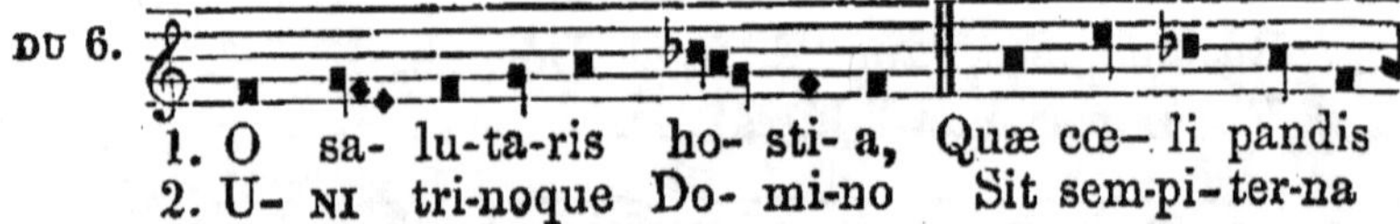

(1) Dans quelques églises, on remplace le *si bémol* par un *si naturel.*

1. o-sti-um ! Bel-la premunt ho- sti- li- a, Da ro-
2. glo-ri- a ; Qui vi- tam si- ne ter-mi-no No- bis do-

1. bur, fer au- xi-li-um.
2. net in pa- tri-a. A-men.

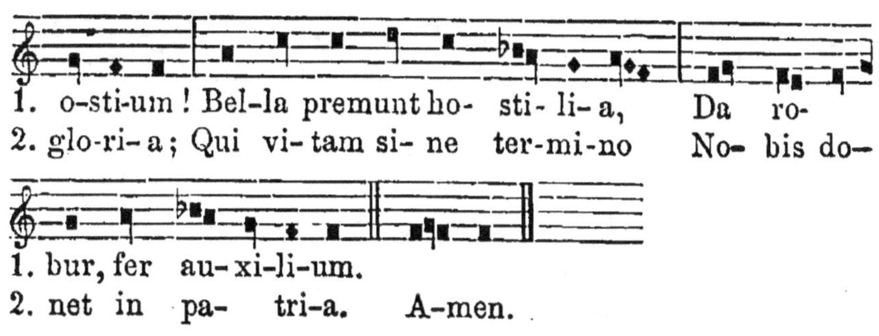

ECCE PANIS *et* BONE PASTOR.

DU 7.

1. Ec- ce pa-nis An ge- lo-rum Fa-ctus ci- bus
2. In fi- gu-ris præ-si- gna-tur, Cum I- sa-ac

1. vi- a- to-rum, Ve-re pa-nis fi- li-o-rum, Non mittendus
2. immo-la-tur, Agnus Paschæ de-pu-ta-tur, Da-tur manna

1. ca- nibus. 3. Bo-ne Pastor, pa-nis ve-re, Je- su, no-
2. pa-tribus. 4. Tu qui cuncta scis et va-les, Qui nos pa-

3. stri mi- se- re-re : Tu nos pasce, nos tu- e- re : Tu
4. scis hic mor-ta-les : Tu- os i- bi commen-sa-les : Co-

3. nos bo-na fac vi-de-re In ter-ra vi- ven-ti-um.
4. hæ-re-des et so-da-les Fac sancto-rum ci-vi-um.

A- men.

AVE VERUM CORPUS.

DU 6.

1. A- ve ve-rum corpus, na- tum de Ma-ri- a
2. Ve-re pas-sum, immo- la- tum in cruce pro

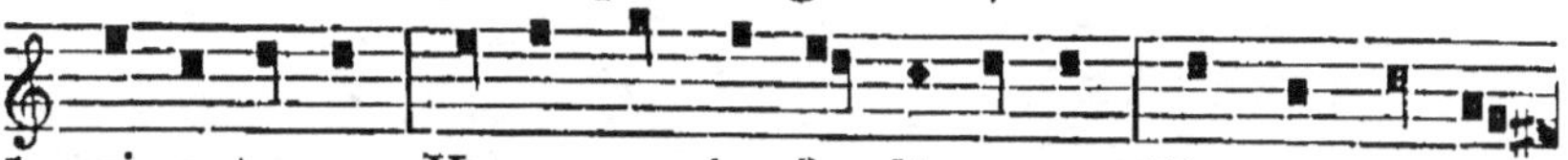

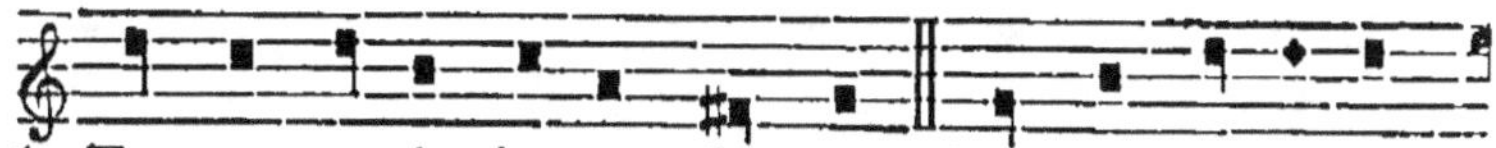

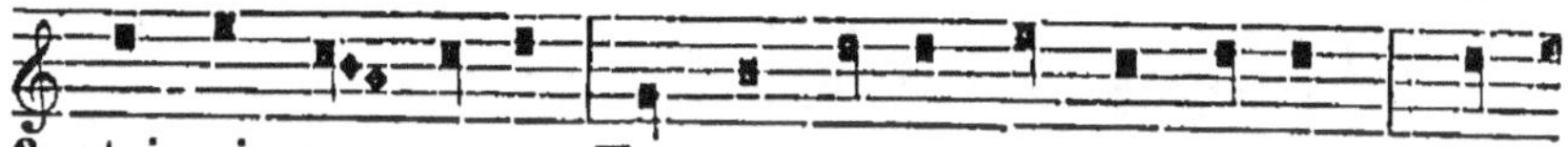

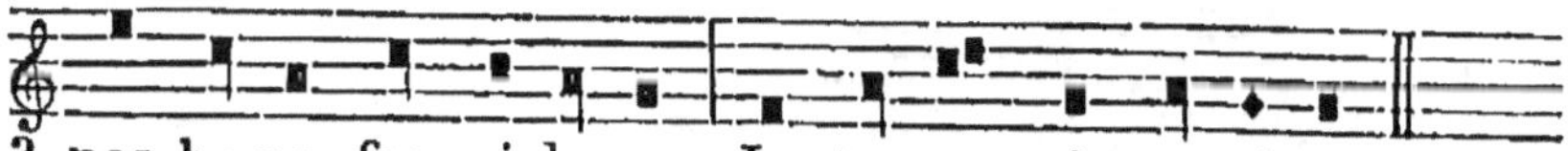

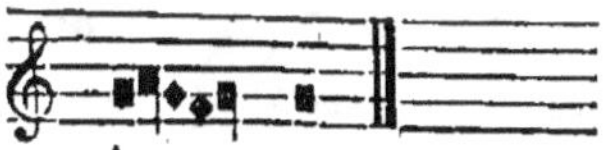

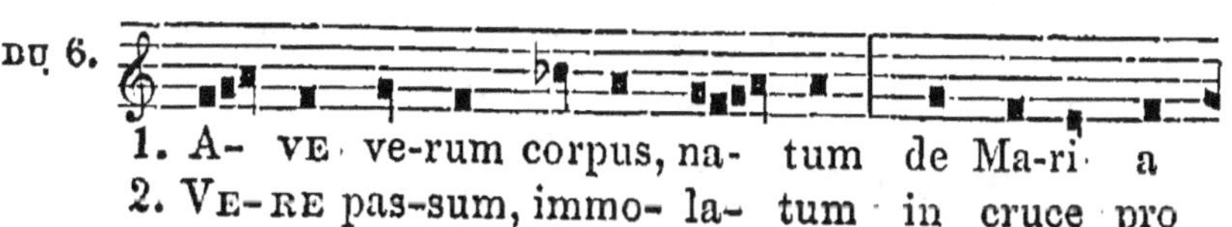

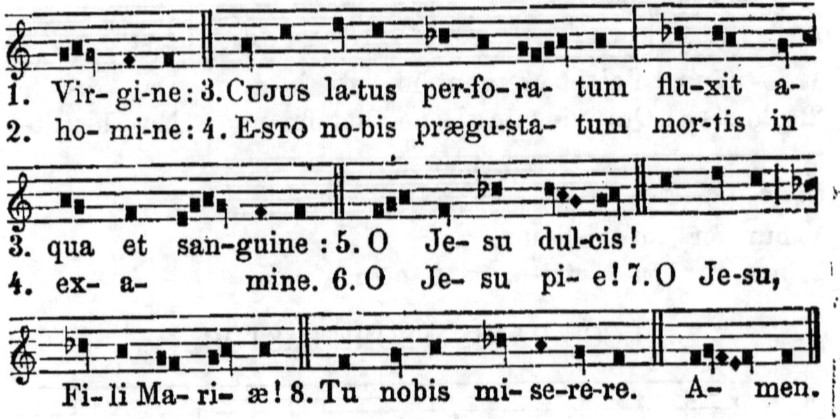

ADORO TE.

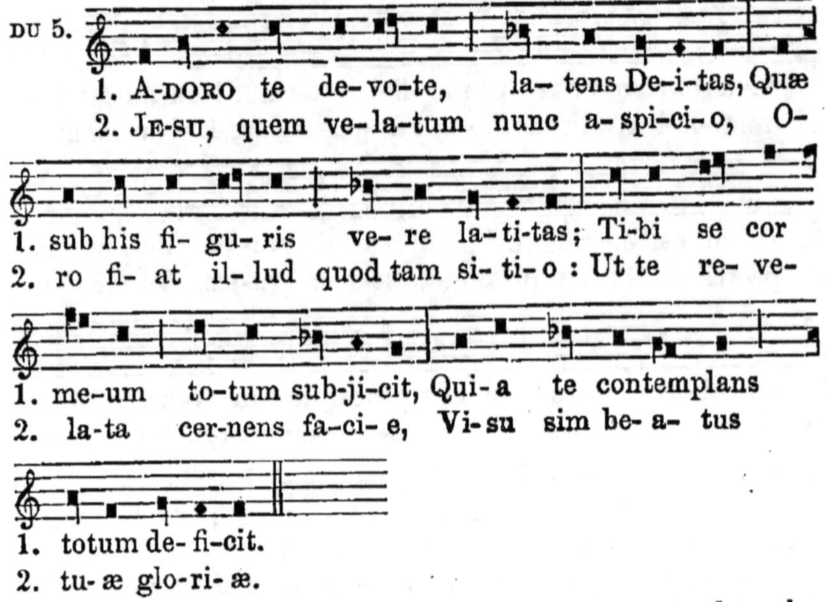

Après chacune des Strophes suivantes, dites par un ou deux choristes, le Chœur reprend l'une ou l'autre des deux Strophes précédentes.

2. VISUS, tactus, gustus in te fállitur,
Sed audítu solo tuto créditur :
Credo quidquid dixit Dei Fíli-us ;
Nil hoc veritátis verbo vérius.

3. IN cruce latébat sola Déitas,
At hic latet simul et humánitas :
Ambo tamen credens atque cónfitens,

Peto quod petívit latro pœnitens.

4. PLAGAS, sicut Thomas,
non intúeor,
Deum tamen meum te confíteor;
Fac me tibi semper magis crédere,
In te spem habére, te dilígere.

5. O memoriále mortis Dómini,
Panis vivus, vitam præstans hómini,
Præsta meæ menti de te vívere,

Et te illi semper dulce sápere.

6. PIE Pelicáne, Jesu Dómine,
Me immúndum munda tuo sánguine:
Cujus una stilla salvum fácere
Totum mundum quit ab omni scélere.

7. JESU, quem velátum nunc aspício,
Oro fiat illud quod tam sítio:
Ut te reveláta cernens fácie,
Visu sim beátus tuæ glóriæ.
Amen.

Autre chant.

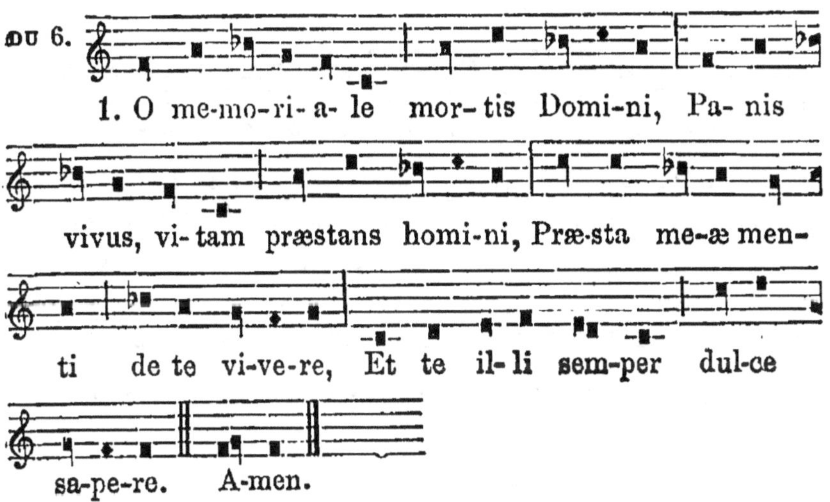

PANIS ANGELICUS.

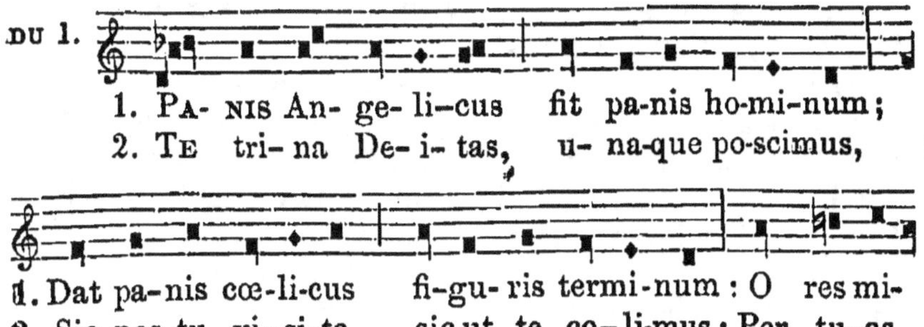

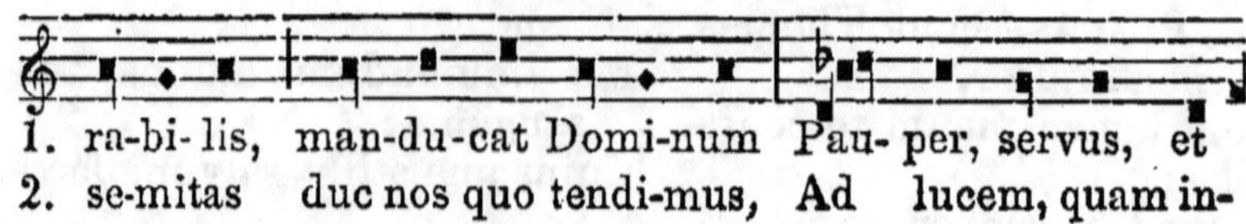

LITANIES DU S. NOM DE JÉSUS.

I chant.

Spíritus san-cte, De-us, miserére nobis.

Sancta Trínitas, u-nus De-us,

Jesu Fili De-i vi-vi,

Jesu splen-dor Pa-tris,

Jesu candor lu-cis æ-tér-næ,

Je-su rex gló-riæ,

Miserére nobis.

Jesu sol ju-stí-tiæ,

Jesu Fili Ma-rí-æ Vír-ginis,

Je-su a-má-bilis,

Jesu ad-mi-rá-bilis,

Jesu De-us for-tis,

Jesu Pater fu-tú-ri sæ-culi,

Jesu magni con-sí-lii An-gele,

Miserére nobis.

Jesu potentíssime,
Jesu patientíssime,
Jesu obedientíssime,
Jesu mitis et húmilis corde,
Jesu amátor castitátis,
Jesu amátor noster,
Jesu Deus pacis,
Jesu auctor vitæ,
Jesu exémplar virtútum,
Jesu zelátor animárum,
Jesu Deus noster,
Jesu refúgium nostrum,
Jesu Pater páuperum,
Jesu thesáurus fidélium,
Jesu bone Pastor,

Miserere nobis.

Jesu lux vera,
Jesu sapiéntia ætérna,
Jesu bónitas infiníta,
Jesu via et vita nostra,
Jesu gáudium Angelórum,
Jesu rex Patriarchárum,
Jesu inspirátor Prophetárum,
Jesu magíster Apostolórum,
Jesu doctor Evangelistárum,
Jesu fortitúdo Mártyrum,
Jesu lumen Confessórum,
Jesu púritas Vírginum,
Jesu coróna Sanctórum ómnium,

Miserere nobis.

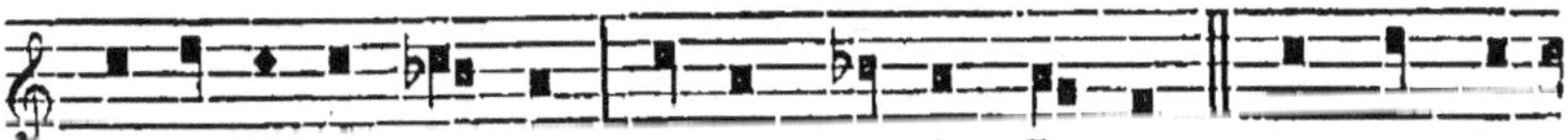

1. Propítius esto, parce nobis, Jesu.
2. Propítius esto, exaudi nos, Jesu. Ab omni

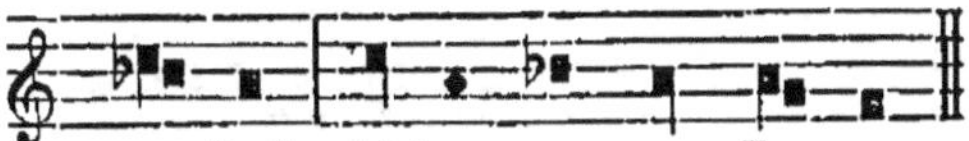

1. malo, libera nos, Jesu.

Ab omni peccáto,
Ab ira tua,
Ab insídiis diáboli,
A spíritu fornicatiónis,
A morte perpétua ;
A negléctu inspiratiónum tuárum,
Per mystérium sanctæ Incarnatiónis tuæ,
Per Nativitátem tuam,

Libera nos, Jesu.

Per Infántiam tuam,
Per diviníssimam vitam tuam,
Per Labóres tuos,
Per Agóniam et Passiónem tuam,
Per Crucem et Derelictiónem tuam,
Per Languóres tuos,
Per Mortem et Sepultúram tuam,

Libera nos, Jesu.

Per Resurrecti-ó-nem   Per **gló-***ri*am **tu-am,**
  tu-am,   Per dulcíssimam Vírginem
Per Ascensi-ó-nem **tu-**   Maríam, **Ma-**trem **tu-**
  am, ·   am, Líbera nos, Jesu.
Per **gáu-***di*a **tu-a,**

II chant.

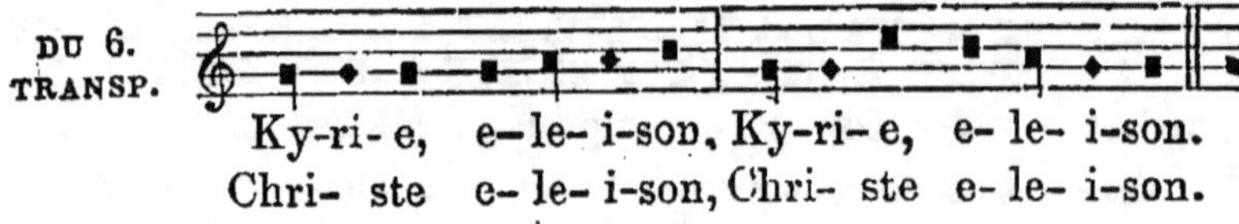

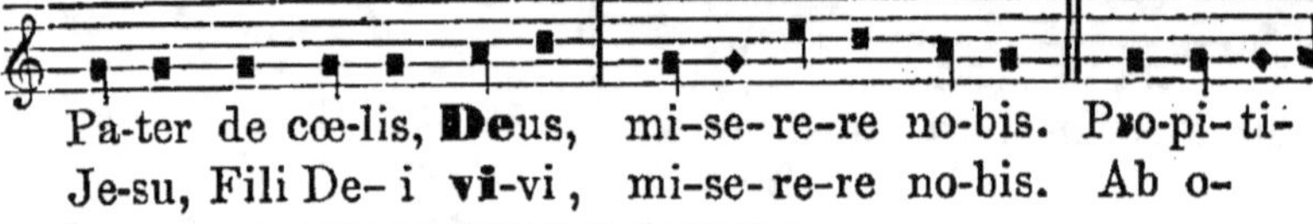

ꝫ. Sit Nomen Dómini " benedíctum. (Allelúia.)
℞. Ex hoc nunc " et usque in sæculum. (Allelúia.)

VERSETS QUI SE DISENT AUX SALUTS AVANT LE CHANT DU TANTUM ERGO.

Premier : ℣. *et* ℟. *des Vêpres de la Fête que l'on célèbre.*

Deuxième, de la Sainte Vierge :

℣. Ora pro nobis " sancta Dei Génitrix. (Allelúia.)

℟. Ut digni efficiámur " promissiónibus Christi. (Allelúia.)

Troisième, pour l'Eglise :

℣. Salvos fac servos tuos. (Allelúia.)

℟. Deus meus, " sperántes in te. (Allelúia.)

Quatrième, pour N. S. P. le Pape.

TANTUM ERGO ET GENITORI.

I Chant, p. 89.

II chant.

III chant.

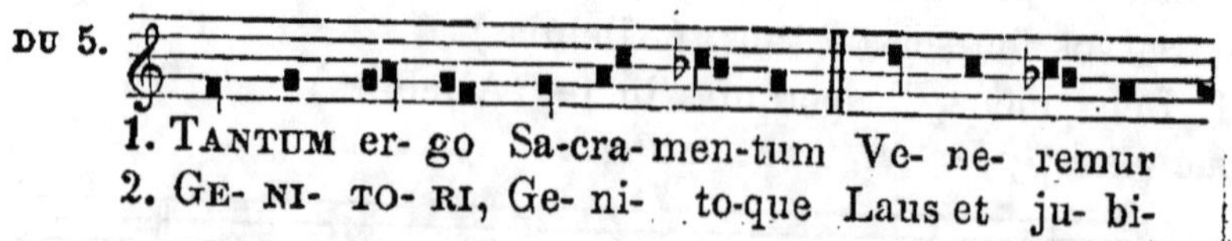

IV chant.

V chant.

DU 6.

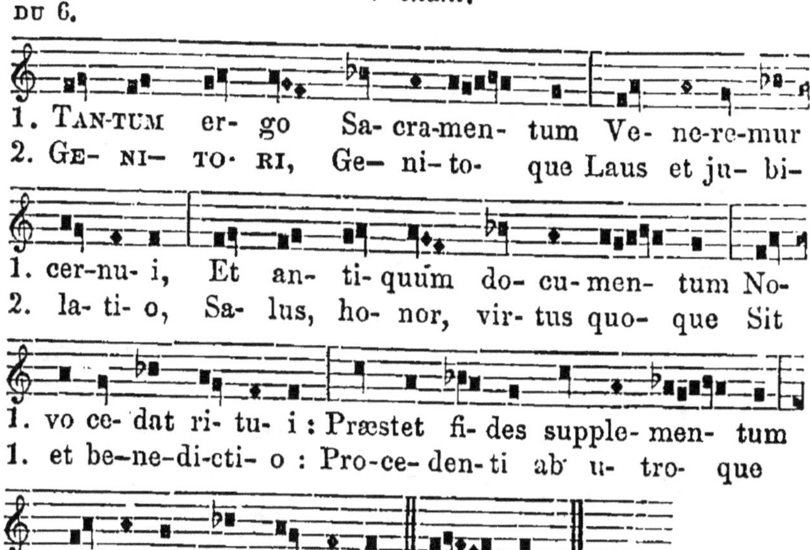

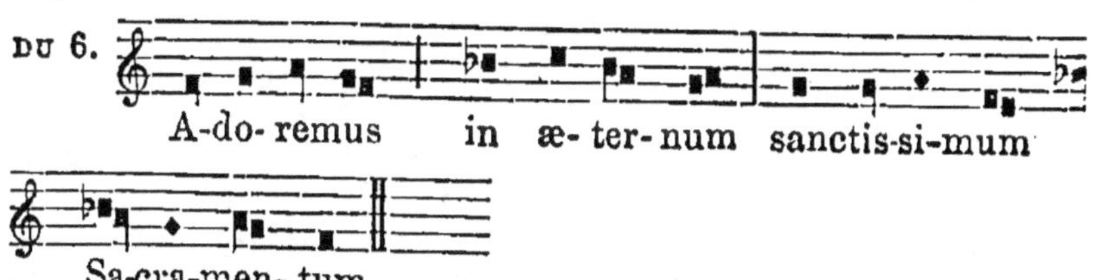

℣. Panem de cœlo " præstitísti eis. (Allelúia.)

℟. Omne delectaméntum " in se habéntem. (Allelúia.)

Après la Bénédiction du T. S. Sacrement, on chante trois fois le ℣. suivant :

DU 6.

ou bien le Psaume Laudáte Dóminum, *p.* 45.

PRIÈRES A LA SAINTE VIERGE.

—

LITANIES DE LA SAINTE VIERGE.

I chant.

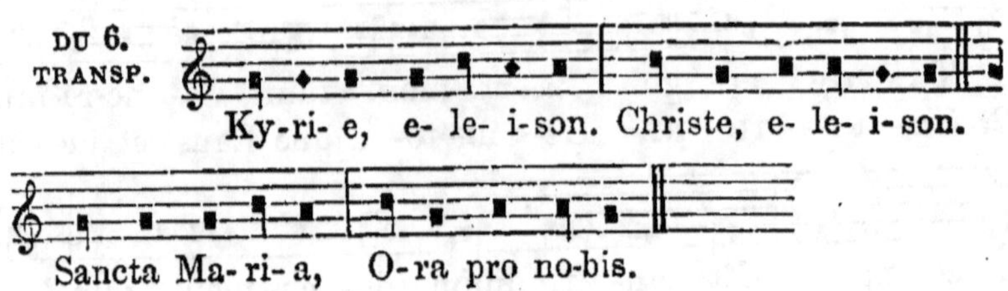

II chant.

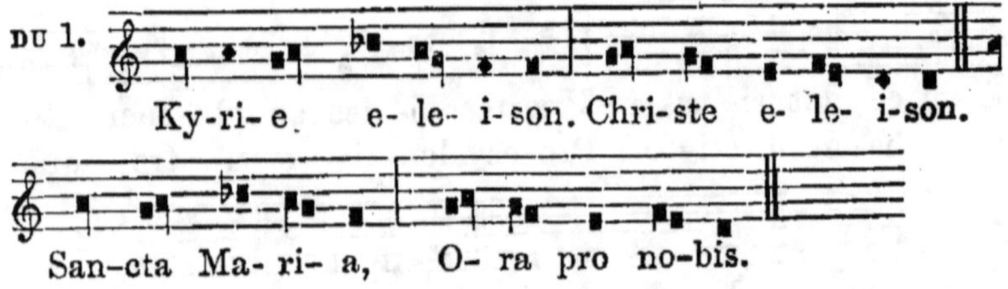

III chant.

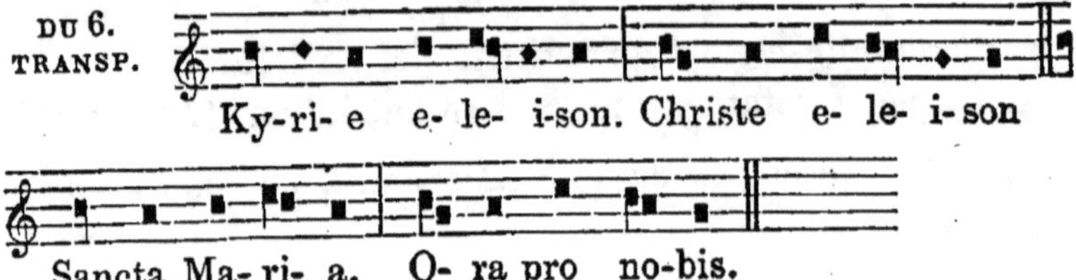

Kyrie eléison.
Christe eléison.
Kyrie eléison.
Christe audi nos.
Christe exáudi nos.
Pater de cœlis Deus, miserére nobis.
Fili Redémptor mundi Deus, miserére nobis.
Spíritus sancte Deus, miserére nobis.

Sancta Trinitas unus Deus, miserére nobis.
Sancta María, ora pro nobis.
Sancta Dei Génitrix,
Sancta Virgo vírginum,
Mater Christi,
Mater divínæ grátiæ,
Mater puríssima,
Mater castíssima,
Mater invioláta,
Mater intemeráta,

Ora pro nobis.

Mater amábilis,
Mater admirábilis,
Mater Creatóris,
Mater Salvatóris,
Virgo prudentíssima,
Virgo veneránda,
Virgo prædicánda,
Virgo potens,
Virgo clemens,
Virgo fidélis,
Spéculum justítiæ,
Sedes sapiéntiæ,
Causa nostræ lætítiæ,
Vas spirituále,
Vas honorábile,
Vas insígne devotiónis,
Rosa mystica,
Turris Davídica,
Turris ebúrnea,
Domus áurea,
Fœderis arca,
Jánua cœli,
Stella matutína,

Ora pro nobis.

Salus infirmórum,
Refúgium peccatórum,
Consolátrix afflictórum,
Auxílium Christianórum,
Regína Angelórum,
Regína Patriarchárum,
Regína Prophetárum,
Regína Apostolórum,
Regína Mártyrum,
Regína Confessórum,
Regína Vírginum,
Regína Sanctórum ómnium,
Regína sine labe origináli concépta,
Agnus Dei, qui tollis peccáta mundi, parce nobis, Dómine.
Agnus Dei, qui tollis peccáta mundi, exáudi nos, Dómine.
Agnus Dei, qui tollis peccáta mundi, miserére nobis.
Christe, audi nos.
Christe, exáudi nos.

Ora pro nobis.

INVIOLATA.

AVE MARIA.

MEMORARE.

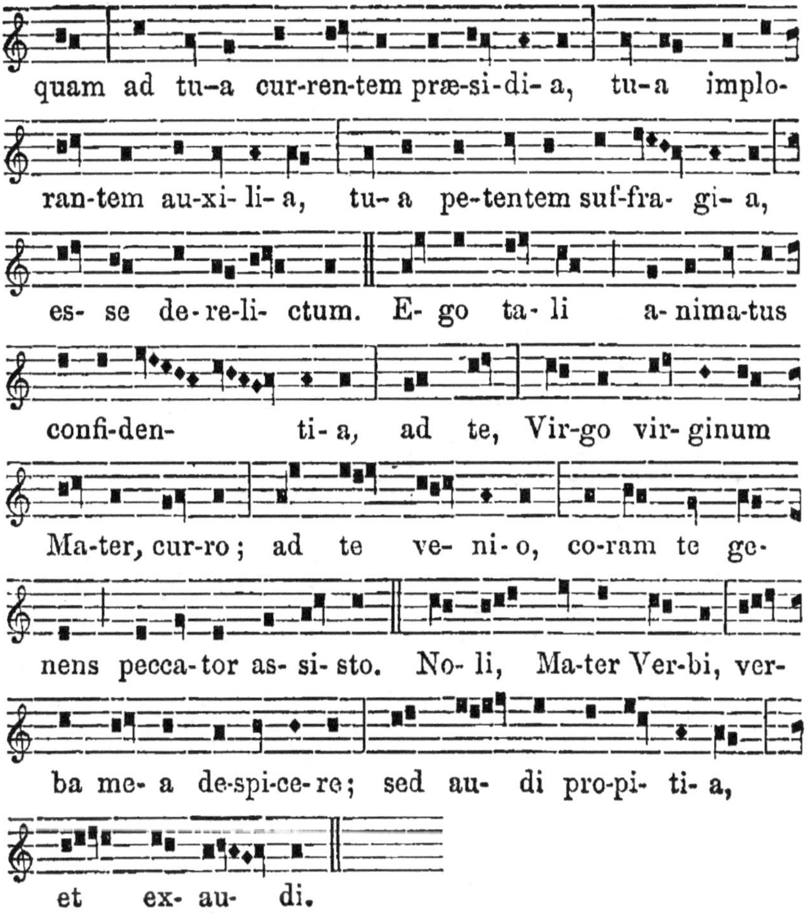

quam ad tu-a cur-ren-tem præ-si-di- a, tu-a implo-
ran-tem au-xi- li- a, tu- a pe-tentem suf-fra- gi- a,
es- se de-re-li- ctum. E- go ta- li a- nima-tus
confi-den- ti- a, ad te, Vir-go vir- ginum
Ma-ter, cur-ro ; ad te ve- ni- o, co-ram te ge-
nens pecca- tor as- si- sto. No- li, Ma-ter Ver-bi, verba me- a de-spi-ce-re ; sed au- di pro-pi- ti- a,
et ex- au- di.

SUB TUUM.

I chant.

DU 7.

Sub tu- um præ-si-di-um con- fu-gi-mus, sancta De- i Ge- nitrix, nostras depre-ca-ti- o- nes ne
de-spi- ci- as in ne-ces- si-ta- ti-bus ; sed a pe-ri-

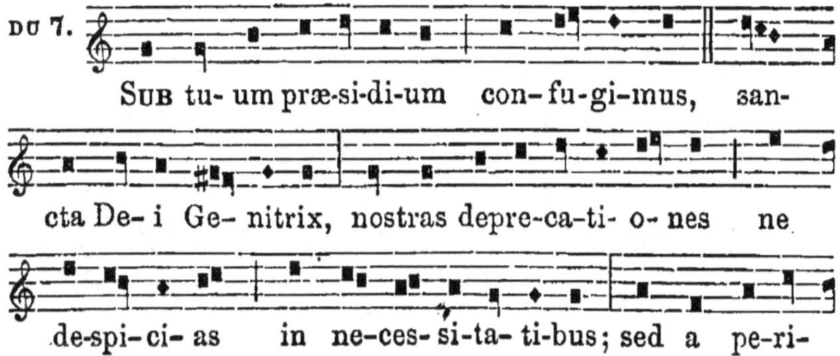

II chant.

III chant.

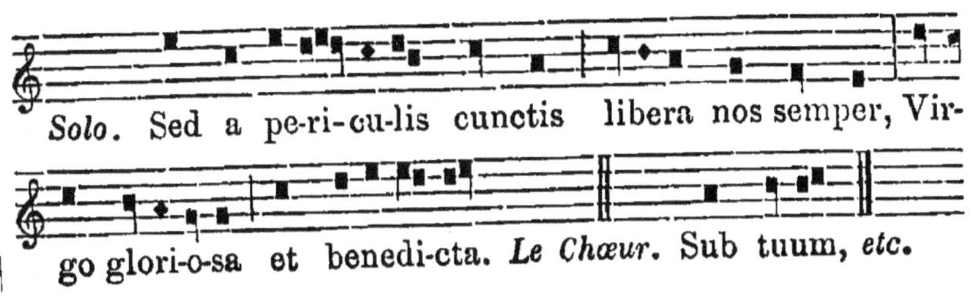

PRIÈRES

EN USAGE DANS QUELQUES ÉGLISES AVANT LE SALUT.

PENDANT L'AVENT.

DU 1.
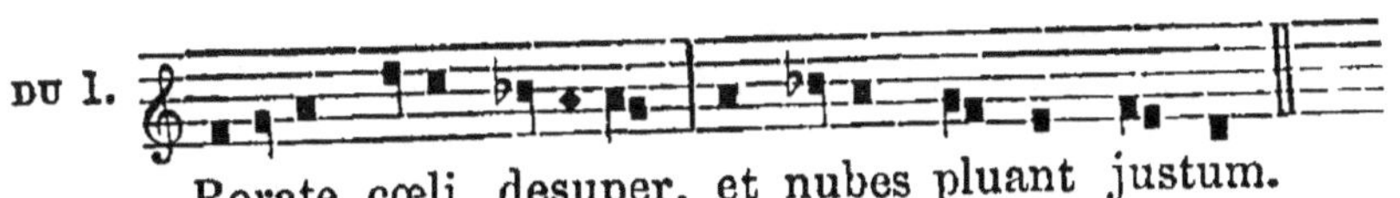

Le Chœur : Roráte, *qu'il répète après chaque Strophe.*

1. Ne irascáris Dómine, ne ultra memíneris iniquitátis. Ecce cívitas sancti facta est desérta; Sion desérta facta est; Jerúsalem desoláta est, domus sanctificatiónis tuæ et glóriæ tuæ, ubi laudavérunt te patres nostri.
Le Chœur : Roráte.

2. Peccávimus, et facti sumus tanquam immúndus nos, et cecídimus quasi fólium univérsi; et iniquitátes nostræ, quasi ventus, abstulérunt nos; abscondísti fáciem tuam a nobis, et allisísti nos, in manu iniquitátis nostræ.
Le Chœur : Roráte.

3. Vide, Dómine, afflictiónem pópuli tui; et mitte quem missúrus es. Emítte Agnum dominatórem terræ, de petra desérti, ad montem fíliæ Sion : ut áuferat ipse jugum captivitátis nostræ.
Le Chœur : Roráte.

4. Consolámini, consolámini, pópule meus; cito véniet salus tua. Quare mœróre consúmeris, quia innovávit te dolor? Salvábo te, noli timére : Ego enim sum Dóminus Deus tuus, Sanctus Israel, Redémptor tuus.
Le Chœur : Roráte.

PENDANT LE TEMPS DE NOEL.

DU 6.

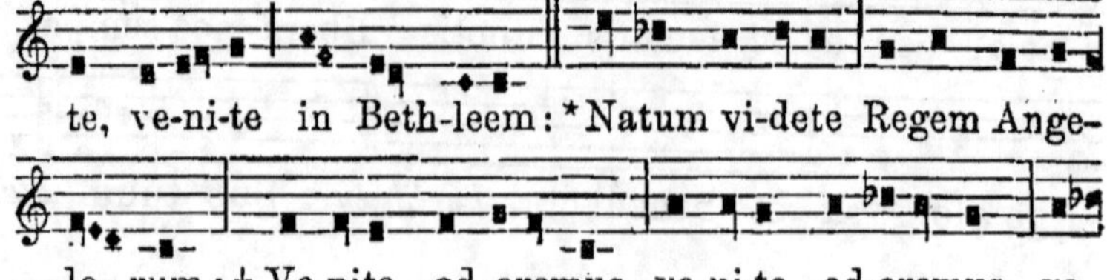

Le Chœur reprend à * Natum, *ou bien à* † Veníte.

2. En grege relícto, **húmi**les ad cunas
Vocáti pastóres appróperant :
Et nos ovánti gradu festinémus.
Le Chœur : Veníte.
3. Æterni Paréntis splendórem ætérnum
Velátum sub carne vidébimus,
Deum infántem pannis involútum.
Le Chœur : Veníte.
4. Pro nobis egénum et fœno cubántem
Piis foveámus ampléxibus :
Sic nos amántem quis non redamáret?
Le Chœur : Veníte.

PENDANT LE CARÊME.

DU 5.
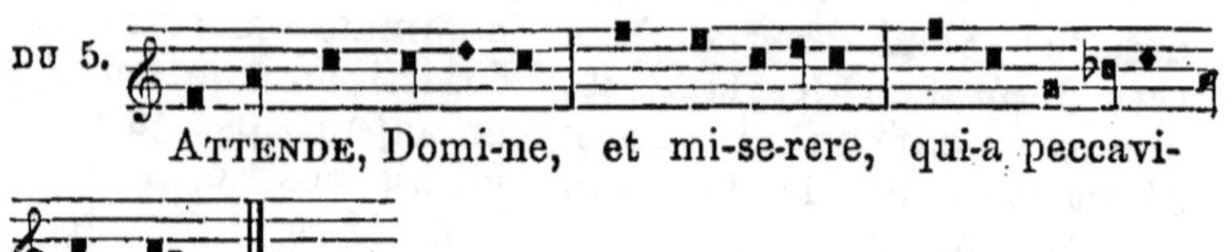

Le Chœur répète Atténde, *et ainsi après chaque Strophe.*

1. Recordáre, Dómine, quid accíderit nobis ; peccávimus cum pátribus nostris, injúste égimus ; multiplicátæ sunt super capíllos cápitis iniquitátes nostræ.
Le Chœur : Atténde.
2. Contristáti sumus in exercitatióne nostra, et conturbáti sumus a voce inimíci et a tribulatióne peccatórum; in próximo est perdítio nostra, et non est qui ádjuvet; formído mortis cécidit super nos.
Le Chœur : Atténde.
3. Cor contrítum et humiliátum ne despícias, Dómine : in jejúnio et fletu te deprecámur nos. Eleemósynam conclúdimus in sinu páuperum, et ipsa exorábit te pro nobis : convértimur ad te, quóniam multus es ad ignoscéndum.
Le Chœur : Atténde.

4. Audi, pópule meus, et considera : vínea mea, elécta domus Israel, ego te plantávi, quómodo facta es in amaritúdinem? Expectávi ut fáceres judicium, et ecce iníquitas ; et justítiam, et ecce clamor.

Le Chœur : Atténde.

5. Revértere, revértere ad Dóminum Deum tuum, et áuferam jugum captivitátis tuæ, rédimam te, lavábo iniquitátes tuas in sánguine meo, et ero víctima tua et Redémptor tuus.

Le Chœur : Atténde.

POUR IMPLORER LA MISÉRICORDE DE DIEU.

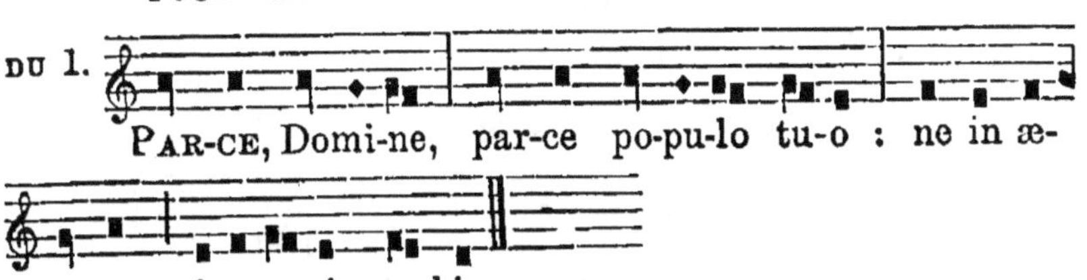

On répète Parce.

A la fin du Psaume ou après quelques versets, on répète : Parce.

Le plus souvent on chante trois fois Parce *sans le Psaume, ou le Psaume sans le* ℣. Parce.

CHANT DU MISERERE DE LA CHAPELLE PONTIFICALE.

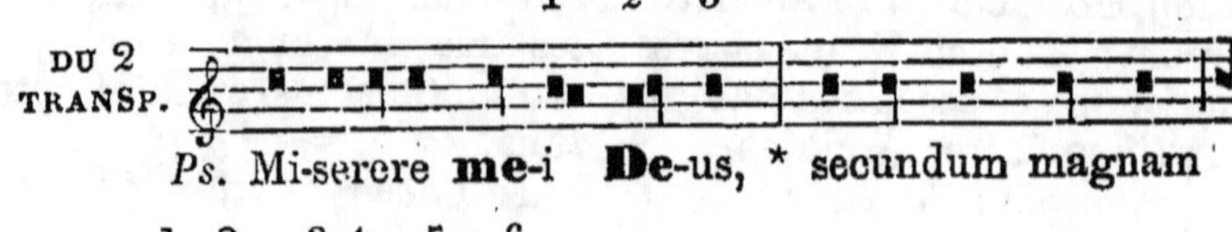

Ps. Mi-se-re-re **me**-i **De**-us, * secundum magnam

mi-se-ri-**cor**-di-am **tu**-am.

POUR LE TEMPS DE LA PASSION.

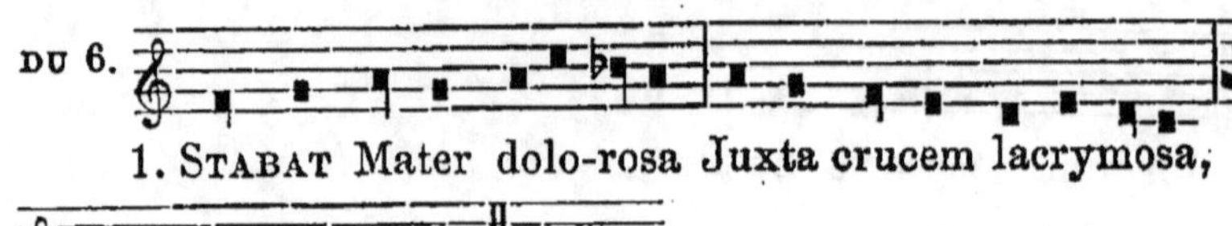

1. STABAT Mater dolo-rosa Juxta crucem lacrymosa,

Dum pendebat Fi-lius.

Autre version du même chant.

1. STABAT Mater doloro-sa Juxta crucem lacrymosa, Dum

pendebat Fili-us.

2. CUJUS ánimam gemén-
tem,
Contristátam et doléntem,
  Pertransívit gládius.
  3. O quam tristis et afflícta
Fuit illa benedícta
  Mater Unigéniti!
  4. QUÆ mœrébat, et dolé-
bat,
Pia mater, dum vidébat
  Nati pœnas inclyti.
  5. QUIS est homo, qui non
fleret,
Matrem Christi si vidéret
  In tanto supplício?

  6. QUIS non posset contri-
stári
Christi Matrem contemplári
  Doléntem cum Fílio!
  7. PRO peccátis suæ gentis
Vidit Jesum in torméntis,
  Et flagéllis súbditum.
  8. VIDIT suum dulcem na-
tum
Moriéndo desolátum,
  Dum emísit spíritum.
  9. EIA mater fons amó-
ris,
Me sentíre vim dolóris
  Fac ut tecum lúgeam.

10. Fac, ut árdeat cor meum
In amándo Christum Deum,
  Ut sibi compláceam.
11. Sancta Mater, istud
    agas,
Crucifíxi fige plagas
  Cordi meo válide.
12. Tui nati vulneráti,
Tam dignáti pro me pati,
  Pœnas mecum dívide.
13. Fac me tecum pie flere,
Crucifíxo condolére,
  Donec ego víxero.
14. Juxta crucem tecum
    stare,
Et me tibi sociáre
  In planctu desídero.
15. Virgo vírginum præ-
    clára,
Mihi jam non sis amára :
  Fac me tecum plángere.

16. Fac ut portem Christi
    mortem,
Passiónis fac consórtem,
  Et plagas recólere.
17. Fac me plagis vulne-
    rári,
Fac me Cruce inebriári,
  Et cruóre Fílii.
18. Flammis ne urar suc-
    cénsus,
Per te, Virgo, sim defénsus
  In die judícii.
19. Christe, cum sit hinc
    exíre,
Da per Matrem me veníre
  Ad palmam victóriæ.
20. Quando corpus morié-
    tur,
Fac ut ánimæ donétur
  Paradísi glória.
  Amen.

LE JOUR ET DANS L'OCTAVE DE PAQUES.

Après chaque Strophe, le Chœur dit les trois premiers Allelúia.

3. A Magdaléna móniti,
Ad óstium monuménti
Duo currunt discípuli.
  Allelúia.
4. Sed Joánnes Apóstolus
Cucúrrit Petro cítius :
Ad sepúlchrum venit prius.
  Allelúia.

5. In albis sedens Angelus,
Respóndit muliéribus
Quia surréxit Dóminus.
  Allelúia.
6. Discipulis astántibus,
In médio stetit Christus
Dicens : Pax vobis ómnibus.
  Allelúia.

7. **Postquam** audívit Dídymus,
Quia surréxerat Jesus,
Remánsit fide dúbius.
Allelúia.

8. **Vide**, Thoma, vide manus,
Vide pedes, vide latus,
Noli esse incrédulus.
Allelúia.

9. **Quando** Thomas Christi latus,
Pedes vidit atque manus,
Dixit : Tu es Deus meus.
Allelúia.

10. **Beati** qui non vidérunt,
Et firmiter credidérunt :
Vitam ætérnam habébunt.
Allelúia.

11. **In** hoc festo sanctíssimo
Sit laus et jubilátio :
Benedicámus Dómino.
Allelúia.

12. **De** quibus nos humíllimas
Devótas atque débitas
Deo dicámus grátias.
Allelúia.

PENDANT LE MOIS DE MARIE.

EXERCICES PARTICULIERS

DE L'ÉGLISE DU JÉSUS.

EXPLICATION DE LA DOCTRINE CHRÉTIENNE.

Tous les dimanches de l'année les fidèles sont invités à venir assister à l'*Explication de la doctrine chrétienne.*

Cet exercice commence, à 7 heures 3/4 du soir, par la récitation du *Chapelet* suivie du chant de l'*Ave maris stella,* (*II chant*, p. 98). Les choristes chantent une strophe, après laquelle les fidèles répètent la première : *Ave maris stella.* L'hymne terminée, le R. P. Directeur de l'œuvre fait l'Instruction, qui ne dépasse guère une demi-heure.

Après l'Instruction, les choristes chantent alternativement avec les fidèles le cantique *Magnificat.*

Le célébrant expose le T.-S. Sacrement; et après lo ℣. et l'oraison pour N. S. P. le Pape (*p.* 119), les choristes entonnent le *Tantum ergo* (*III chant*, p. 120).

Dès que la bénédiction du T.-S. Sacrement est donnée, on dit le psaume *Laudate Dominum* (*p.* 45), et la cérémonie se termine par le chant du *cantique de la canonisation de Sainte Germaine* ou de tout autre cantique populaire.

CONFRÉRIE DU SACRÉ-CŒUR DE JÉSUS.

Tous les premier et troisième vendredis du mois ont lieu les exercices en l'honneur du Sacré Cœur de Jésus. Le matin, à la messe de 5 heures, on expose le T.-S. Sacrement, et après la messe de communion, qui se dit à 8 heures, le R. P. Directeur fait une Instruction suivie de la récitation des

LITANIES DU SACRÉ-CŒUR DE JÉSUS.

Seigneur, ayez pitié de nous.
Jésus-Christ, ayez pitié de nous.
Seigneur, ayez pitié de nous.
Jésus-Christ, écoutez-nous.
Jésus-Christ, exaucez-nous.
Dieu le Père, du haut des cieux,
Dieu le Fils, Rédempteur du monde,
Dieu le Saint-Esprit,
Trinité sainte, qui êtes un seul Dieu,
Cœur de Jésus, uni substantiellement au **Verbe**,
Cœur de Jésus, sanctuaire de la Divinité,
Cœur de Jésus, temple de la Trinité,
Cœur de Jésus, abîme de sagesse,
Cœur de Jésus, océan de bonté,
Cœur de Jésus, trône de la miséricorde,
Cœur de Jésus, trésor inépuisable,
Cœur de Jésus, dont la plénitude se répand sur nous,
Cœur de Jésus, notre paix et notre réconciliation,
Cœur de Jésus, modèle de toutes les vertus,
Cœur de Jésus, infiniment aimable et infiniment digne d'être aimé,
Cœur de Jésus, source d'eau qui jaillit jusqu'à la vie éternelle,
Cœur de Jésus, l'objet des complaisances du Père céleste,
Cœur de Jésus, propitiation pour nos péchés,
Cœur de Jésus, rempli d'amertume à cause de nous,
Cœur de Jésus, triste jusqu'à la mort dans le jardin des Olives,
Cœur de Jésus, rassasié d'opprobres,

Cœur de Jésus, blessé d'amour,
Cœur de Jésus, percé d'une lance,
Cœur de Jésus, épuisé de sang sur la croix,
Cœur de Jésus, brisé de douleur à cause de nos péchés,
Cœur de Jésus, maintenant encore outragé par les hom-
    mes dans le Très-Saint Sacrement de votre amour,
Cœur de Jésus, refuge des pécheurs,
Cœur de Jésus, force des faibles,
Cœur de Jésus, consolation des affligés,
Cœur de Jésus, persévérance des justes,
Cœur de Jésus, salut de ceux qui espèrent en vous,
Cœur de Jésus, espérance des mourants,
Cœur de Jésus, doux appui de tous vos adorateurs,
Cœur de Jésus, délices de tous les Saints,
Cœur de Jésus, notre aide dans les grands maux qui ont
    fondu sur nous,
Agneau de Dieu, qui effacez les péchés du monde, etc.
Jésus-Christ, écoutez-nous.
Jésus-Christ, exaucez-nous.

Ayez pitié de nous.

Ayez pitié de nous.

ORAISON.

Dieu tout-puissant et éternel, jetez les yeux sur le Cœur
de votre très-cher Fils, voyez les satisfactions qu'il vous offre
au nom de tous les pécheurs, écoutez les louanges qu'il vous
rend pour eux : apaisé par ses divins hommages, par-
donnez-nous nos péchés et faites-nous miséricorde, au nom
de ce même Jésus-Christ votre Fils, qui, étant Dieu, vit
et règne avec vous en l'unité du Saint-Esprit, dans tous les
siècles des siècles. Ainsi soit-il.

POUR LES CONFRÈRES ABSENTS.

Divin Jésus, vous qui ne rejetez personne et qui ouvrez
votre cœur à tous les pécheurs pénitents, ayez pitié de tous
ceux qui invoquent votre saint Nom, écoutez les prières de
vos serviteurs qui désirent vous adorer en esprit et en vérité ;
faites que tous ceux qui sont dévouées à votre Sacré-Cœur,
en quelque lieu qu'ils se trouvent, éprouvent en ce moment
les bienfaits de votre miséricorde, et que leur cœur puise
dans le vôtre la vraie joie et le parfait amour ; ô vous qui
vivez et régnez dans les siècles des siècles. Ainsi soit-il.

Voilà donc, mon très-aimable Jésus, jusqu'où est allé l'excès de votre charité! Pour vous donner vous-même tout à moi, vous m'avez préparé une table divine, à laquelle vous ne me servez rien moins que votre chair sacrée et votre précieux sang. Qui a jamais pu vous porter à de tels transports d'amour! Ah! c'est sans doute votre très-charitable Cœur. O Cœur de mon Jésus, fournaise ardente du divin amour! recevez mon âme dans votre plaie sacrée, afin qu'à cette école de charité j'apprenne à aimer un Dieu qui m'a donné des preuves si admirables de son amour. Ainsi soit-il.

Ces prières dites, les choristes entonnent le *Tantum ergo* (*IV chant*, p. 120), et après la bénédiction du T.-S. Sacrement le psaume *Laudate Dominum* (p. 45).

Le soir, à 7 heures 3/4, a lieu la seconde réunion. On commence par la récitation des litanies précédentes. L'instruction étant terminée, le célébrant expose le T. S. Sacrement, et les choristes entonnent l'hymne *Jesu dulcis memória*, que les fidèles continuent sur le chant suivant :

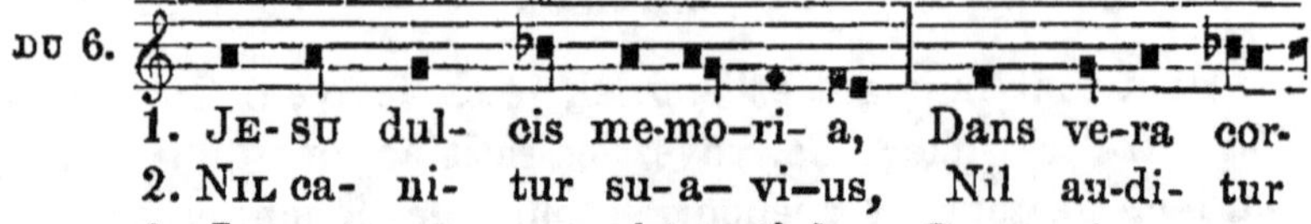

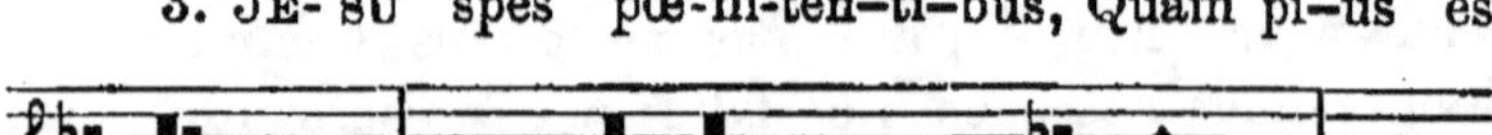

℣. Hauriétis aquas '' in gáudio (allelúia).

℟. De fóntibus Salvatóris (allelúia.)

℣. *Pour N. S. Père le Pape* (p. 119).

Le célébrant lit l'*Amende honorable* au Sacré-Cœur de Jésus, puis après les oraisons on chante le *Tantum ergo* (*IV chant*, p. 120), qui est suivi de la bénédiction du T. S. Sacrement, et on termine par le psaume *Laudate Dominum* (p. 45).

EXTRAIT DU RÈGLEMENT

DE

L'ASSOCIATION DE CHANT RELIGIEUX

ÉTABLIE DANS L'ÉGLISE DU JÉSUS, A TOULOUSE.

Depuis le 1er novembre 1864 est établie dans l'Église du Jésus une Association dont la fin est de glorifier Dieu en chantant ses louanges dans les offices liturgiques. Cette Association est placée sous le patronage de la très-sainte Vierge, au titre de son Immaculée Conception, et de sainte Cécile.

L'Association se compose de *membres actifs* et de *membres honoraires*.

Les *membres actifs* forment le *chœur* des chanteurs.

Les *membres honoraires* sont les protecteurs de l'œuvre, et la soutiennent par leurs prières et par une offrande annuelle, laissée à leur gré et à leurs ressources.

Chaque semaine ont lieu les classes de chant sous la direction du *maître de chapelle*. Deux classes, d'environ une heure chacune, sont jugées nécessaires pour que l'Association atteigne le but qu'elle se propose.

Pour être admis au nombre des *membres actifs*, il faut :

1o Avoir une réputation irréprochable ;

2o Remplir ses devoirs religieux ;

3o Posséder une bonne voix ;

4o Vouloir observer les règlements de l'Association.

Le 3e dimanche de chaque mois, tous les membres se réunissent à huit heures pour assister à la messe de l'Association. Ils y exécutent quelques chants soigneusement préparés.

L'esprit de l'Association est un esprit chrétien et fraternel.

Les membres actifs ne se considèrent pas comme des artistes ou des amateurs qui viennent chanter à l'église dans l'intention de se faire entendre ; ils se regardent comme de bons chrétiens, qui, au lieu d'adresser à Dieu, pendant les offices, une prière isolée et muette, se réunissent pour chanter en commun ses louanges.

C'est afin de demander cet esprit chrétien, et les bonnes dispositions nécessaires pour chanter dignement les louanges de Dieu, que l'Association commence et termine toutes ses classes par une courte prière, suivie de l'invocation des patrons de l'œuvre.

En matière de chant, le grand principe de l'Association, c'est d'obéir à l'Église quand l'Église a déterminé quelque chose, et, dans ce que l'Église n'a pas positivement déterminé, de se conformer le plus possible à son esprit. L'Association reconnaît que le *plain-chant* est la langue mère de l'Église, et que c'est la seule base de l'office liturgique ; elle s'efforce en conséquence d'exécuter ce chant vénérable le mieux et le plus régulièrement possible, suivant les règles indiquées par la tradition et les usages reconnus.

L'Église permettant les *faux-bourdons*, l'Association les admet, mais elle n'admet que ceux qui ont été convenablement écrits et préparés à l'avance. Ainsi elle ne permet jamais d'improviser des faux-bourdons, c'est-à-dire de lancer à l'aventure, au milieu d'un chant, quelques notes d'accord, qui, si plusieurs voix en font, se trouvent bientôt en désaccord les unes avec les autres ; ni même de chanter des faux-bourdons d'une manière irrégulière et par fantaisie, c'est-à-dire quand il n'a pas été convenu d'avance qu'on les exécuterait, et que tout le monde ne les exécute pas ensemble. Des accords de fantaisie, outre qu'en général ils ne plaisent guère qu'à ceux qui les font, qu'ils ennuient et distraient ceux qui les entendent, sont contraires à toute bonne tradition d'exécution du chant, et doivent être impitoyablement défendus dans un chœur bien ordonné.

L'Église ne défend pas l'usage de la *musique* proprement dite ; mais elle exige que la musique exécutée dans les églises soit revêtue des trois caractères de grave, religieux et ecclésiastique. L'Association tâche de se renfermer dans ces prescriptions.

Par cet aperçu nous désirerions faire appel au zèle des hommes sérieux et capables de comprendre combien il est important que les chants sacrés soient toujours dignes et solennels. Nous voudrions voir se former partout où il serait possible des associations de chant religieux. Nous marcherions ainsi sur les traces glorieuses du grand Pape qui a laissé son nom au chant liturgique et qui, dans son zèle pour la maison de Dieu, non content de donner à l'Église des cantilènes qui ont fait l'admiration et l'édification de l'univers catholique, fonda encore une *école de chant* qu'il allait présider lui-même. Nous voudrions aussi enflammer d'une sainte ardeur pour le chant de l'Église tous ces honnêtes ouvriers doués d'une voix vibrante et sonore. Nous serions heureux de les mettre à même de devenir chantres dans les paroisses de Toulouse, comme l'ont fait déjà plusieurs des membres de l'Association; mais nous désirons qu'ils comprennent bien que nous cherchons à réunir non des mercenaires, mais des hommes généreux qui se proposent de *glorifier Dieu dans son saint temple par la prière harmonieusement chantée.*

A. M. D. G.

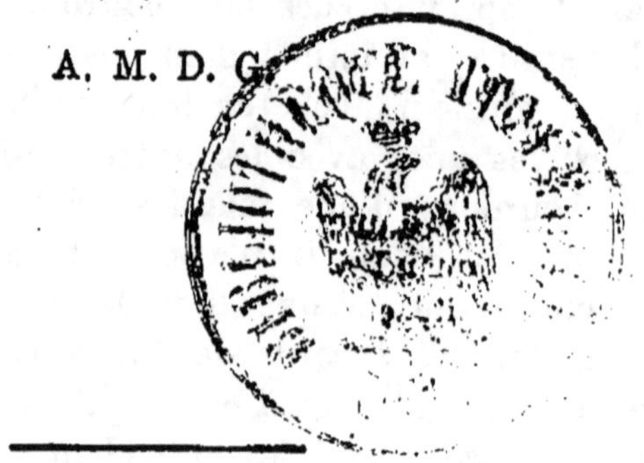

TABLES

TABLE ALPHABÉTIQUE DES PSAUMES

ET CANTIQUES

TABLE DES HYMNES, ETC.

TABLE GÉNÉRALE DES MATIÈRES.

VÊPRES DES DIMANCHES

ET DES PRINCIPALES FÊTES DE L'ANNÉE.

PROPRE DU TEMPS.

PROPRE DES SAINTS.

COMMUN DES SAINTS.

AUX SALUTS DU SAINT-SACREMENT.

EXERCICES PARTICULIERS DE L'ÉGLISE DU JÉSUS,

A TOULOUSE.